総社観光大学

神崎宣武［監修］
総社観光プロジェクト実行委員会［編］

吉備人出版

総社観光大学

刊行にあたって

清水 男
（総社商工会議所会頭・元総社観光プロジェクト委員）

「総社観光大学」の10周年記念誌がここに上梓されます。
「観光」という言葉は、その元をたどると意味深いものです。中国における古語といいますが、日本では「物見」が類似の言葉でしょうか。城には物見櫓があり、そこから城下の様子が一望できました。中国では、その物見櫓から空の雲の形を見て、気候を予言し、吉凶を判断した、とも伝わります。

私事になりますが、我が家は易学の系譜にあり、私も20歳代から易学を勉強してきました。中国の古書『易経』の中に、「大観在上」（大観上に在り）という言葉があります。上に立つ人は、大局観をもち、それをもって徳を積まなくてはならない、ということです。

総社市の片岡聡一市長も「大観在上」にふさわしい人だろう、と思います。数々の新規事業を発案、実行され、他市からの視察も多くあることからもうかがい知れます。

その中の一つの業績に、平成20年5月17日に立ち上った「総社観光プロジェクト」があります。

市民の代表者に加えて㈱ジェイアール西日本コミュニケーションズの浅沼唯明氏（当時、代表取締役社長）、工業デザイナーの水戸岡鋭治氏、それに民俗学者の神崎宣武氏らが2年間にわたって11回の論議を重ねました。片岡市長も、その会議には皆勤でした。そこで出た24の政策提言の中の一つが、神崎宣武氏をプロデューサーにしての「総社観光大学」でした。

3日、ないし4日の集中講座ですが、そこでの講義内容と実技体験は、まさに「大学」と名乗るのにふさわしいものです。それについては、本書のページをくっていただければ、おわかりいただけるでしょう。

これまで輩出した213名の修了生（総社観光ナビゲーター）は、総社市・岡山県内だけにとどまらず、古代史研究やまちづくりや観光企画の分野で日本各地に活躍を広げています。

今回、開学10周年を記念しての本書『総社観光大学』（神崎宣武監修・総社観光プロジェクト実行委員会編）の出版は、元観光プロジェクト委員としての私にとっても、うれしいかぎりです。そして、有縁無縁の方が本書を通じてさらに広くつながり、今後共に「総社観光大学」が発展することを願ってやまないところです。

一章　古代吉備の成立と繁栄

三章　雪舟さん……88

守安　收（岡山県立美術館館長）

序章

総社観光学事始

片岡聡一（総社市長）

「観光」の話をする前に、まずこの国の仕組みについて述べることにする。なぜなら「観光」行政はこの国の仕組みに立脚しているからであり、そのことを理解して「観光」について述べた方が、総社の観光をどのように考えるかの到達地点に早くいけるからである。

難しい道の先に幸せがある

私は、明確な哲学を持っていないけれども、「片岡流」のやり方というものを二つ持っている。まず一つは、夢や希望へ向かっていて、どちらに進むか迷ったら難しい方を選ぶことにしていること。簡単な方に自分の幸せは決してなく、私は乗り越えて行った難しい方の先に、幸せがあると思っている。だから、厳しい方を、難しい方を歩んできたつもりでいる。

もう一つは、人間だれもが悩んだり辛かったり、嫌な気持ちをずっと抱えたりしているときに、それを取り去ろうとしてはいけないと思っていることだ。嫌な気持ちとか辛い気持ちを持って悩んでいても、私は決してそれを自ら取り去ろうとはしないことにしている。問題を抱えたままで、目先にある仕事を全力でやり切ってきた。気がついたら結果的に、その悩みから脱却しているという「片岡流」の流儀を持って生き延びてきたのである。

私は、高校時代から大学にかけて、ミュージシャンを目指していて、ピアノを弾いて歌い、作詞作曲もしてコンテストに出まくっていた。二人組で私がピアノ、相方がギターを弾いてコーラスもきれいなバンドだった。私よりも相棒が上手く、評価は結構高くて、岡山県内では何度も優勝し、中国大会へ出たこともあるほどだ。

総社から大学へ行くときは、ミュージシャンを目指して相方と東京へ行った。東京へ行ったら、明治大学の「サウンドスキー」というサークルに入った。ここはプロ志望の人間が集まるサークルで、活動を始めてみると「楽器と歌がこんなに上手い奴がごまんといるのか」というカルチャーショックを受けた。私のピアノのテクニックでは、圧倒的に敗北してしまうほどだった。大学時代は音楽をやっていて楽しいと思ったことはさほど無く、ずっと挫折感を味わっていた。それでもミュージシャンになりたくて、いろんなコンテストに出場したが、落選しまくりだった。大学3年のときに、相方が「話がある」というので聞いたら、「もうお前の音楽性と付き合うつもりは無い。解散しよう」と、言われたのである。私としては「夢」を持ってやってきただけに、とても辛い瞬間だった。

解散後は、「人生ってこれからどうなるのだろうか」「就職活動もしないといけない」などと思って結構悩んだのである。そして「人間って何のために生きているのだろう」と、ドツボにはまってしまった。人間の生きる意味なんて考えてはいけないと思っていたのだが、生きる意味を考えるようになって、ノイローゼ状態にもなったほどである。どう脱却しようかと、さまざまな本を読み漁りながらいろいろ考え、「正解ってなんだろうか」と何度も模索した。

せっかく生まれてきたからには、同じ世界で生きている他人のために何かを尽くすとか、同じ空間で生きている人々のために、何か役立つとか、ありがたがられるとか、そういうちょっとした存在になれば、それがその意味だろうと考えるようになったのである。必ずしも自分自身のためではなくて、他人のことに資するようになれば、生まれてきてよかったと言えるようになるのではないかと真剣に考えたのである。それで、就職をするためにどうすればいいのかと思ったとき、一時は学校の先生になることを考えたのだが、それもつまらなく思えてきて、多くの人のために何かをするようになりたいと強く思い、それには政治家になることだと考えたのである。

代議士の秘書時代

今は政治家に対して国民が夢を持たないし、実際かっこ悪いイメージがある。政治家に対して失望感もある。私が大学を出た昭和59年ごろは、政治家には夢があって、「日本を変えていくんだ」とか「世界を変えていくんだ」というイメージがあった。GDPは世界で第2位。これから伸びていこうとする国だったので、政治家に対して夢があったのである。

政治家への登竜門は、代議士の秘書になることだった。当時、新卒者は永田町にある衆議院の第一や第二会館、参議院会館へ行って好きな代議士さんのところをノックして、「私を秘書にしてください。お願いします」ということをやっていた。私がノックしたのは、橋本龍太郎という元総理大臣で、47、48歳の青年将校的な存在だった。その橋本先生の元へ行って、「私を秘書にしてください。お願いします」と通ったら何度目かに会ってくださり、一生懸命お願いした。最初は「やめろ」とか「君が思っているほど政治は甘くない」とか、いろいろ言われた。それでも懸命に通い続けて、最後には橋本先生に「こんな俺でいいのか」と言われたので、「いいです」と言って橋本先生のもとで21年間も秘書を勤めたのである。秘書時代は、今とは違い、1年のうちでほとんど休みがない滅私奉公的な勤務ぶりだった。

橋本総理の時代は、この国の土台となるような政策をやっていた。私としてはこの21年間、非常に内容の濃いものを見せてもらったと思っている。橋本総理は、とにかく怖い人で、本当に闘志みなぎる、武士みたいな方だった。私たちが総理室に入るときは、気合を入れるために四股を踏み、顔を叩いて入るなど、決死の覚悟で乗り込んで行くほどだった。

秘書時代に2回のサミットがあり、APECやG7も経験し、海外では橋本総理の部屋でいつも一緒に寝ていた。特に印象深かったのは、日米首脳会談。そのとき橋本総理は、もう近寄らない方がいいというぐらい殺気立っていた。当時は、世界の会議の中でアメリカを凌駕して、アメリカに代わって日本がリーダーシップを取ろうと苦心をしていた時代だった。例えばタイのバーツが暴落したときのサミットでは、タイはアジアなので、タイの暴落を守って復活させるのは日本の役割と主張して、アメリカと対決して勝っていたのである。時には日本が持っているアメリカの国債を、日本の主張を受け入れないのなら売り払うなどといって、日本が主導しながら戦っていたのである。

総社市長選と浪人時代

そんなこととしていた橋本先生の秘書時代に、総社の市議会議員さんが何人かでやって来られて、「片岡さん、今、総社市は大変疲弊していて、前に進んでいないので、現役の市長に対抗して市長選挙に出ませんか」と言われたのである。「あなたなら立候補するだけで通ります、何もしないで結構です」と言われ、どうしようかと思ったたが、私の流儀は迷ったら難しい方を選ぶということ。生きていく意味を考え、だれかのためになるべき行動をすることだと思ったのである。そこで女房に「選挙に出るぞ」と言ったら、猛反対。いろいろ考えたうえで、橋本先生に「私は地元の総社に帰って、市長選挙に出たい」と伝えたら、あの強面の橋本先生がすごく寂しそうな顔をされて、「お前を止めることはしない。勝てるのか。止めない、止めない、止めない」と「止めない」という言葉を何十回も言われて、寂しそうな顔をされてしまった。私はすごく悪いことをしているなと思ったのだが、飛び出していこうと思い、総社へ帰って選挙活動を始めたのである。

選挙は、現職市長と私で一騎打ち。総社市は2万4000世帯。その全戸のピンポンを鳴らして訪問を繰り返した。「片岡聡一？　そんな知らんわ、帰れ」とかをいっぱい言われた。それでも一生懸命頑張って、投票日を迎えた。開票速報を見ていると得票数はずっと一緒に上がって、開票率99・98％まで並んでいて、残りの残票整理というのを待っていたら、事務所から電話が掛かってきて、「落ちました」ということだった。「何票差か」と聞くと、「70票差」とのこと。落選した瞬間は、「どす黒い鉛がドーンと落ちてきた」という感じだった。人口7万で、70票差で負けるのは、全人口に対して0・1％。首長選挙の僅少差でいうと、翌日の朝日新聞で全国2位と書いてあった。それは誇りではなくして、「何でこんなに頑張ったのに」という思いがすごく強く、その後のことは何をどうやったのかまったく覚えていない。ずっと夢遊病者のような暮らしをしていたのである。

選挙の落選というのは、歯槽膿漏状態になる。女房や親戚などが、だんだん弱ってきて「もうやめなさい。馬鹿なことはやめなさい」と言い始めたのである。でも遠くの人は、「頑張れ。もう一回やれ！」と言い、女房はまた選挙をするのは絶対許さないと責めてくる。落ちて1カ月ぐらいしたとき、山崎製パンに勤めている私の高校時代の友達が出世していて、「聡一、食い物あるか、金あるか」と連絡があり、「金もない、食料も無い」と返すと、「パンは好きか、食うか」と言われ、「食う」と答えたら、「明日持って行ってやる」というので、家で待っていたら山崎パンのトラックが来て８００個のパンを届けてくれた。１日に8個を１００日食べられる。また、私を応援してくれていたセブンイレブンのオーナーが、「聡ちゃん、プライドあるか、プライド捨てられるか」と言われて、「捨てられるプライドもあるが、捨てられないものもある」と答えたら、「1時に賞味期限切れになる弁当とかおにぎりを2時に焼却処分する、要するにゴミとして出すから、人目につかないところに置いておくから、取りに来るか」と言われて、一瞬考えたけれど、「行きます」と言って取りに行ったら　弁当をそっと置いておいてくれていて、それをいただいた。そのころ息子が中学1年生で、息子と一緒に分け合って食べていた。

そのうちに、父が落選したということで、息子がよくいじめにあって、しょっちゅうボタンが引きちぎられて帰って来るようになった。そのころ女房が家事のボイコットをしていて、これは自分でやるしかないと思っていたので、息子のYシャツのボタンをつけてやったり、アイロン技術を習得して毎日ぴかぴかのカッターを着させ、学校へ送り出していた。

そんな生活をしながら、これ以上落ちようがないな、上に行くしかないと思えてきた。それと、やっぱり人間というのは、地位や名誉だけではないということも考えるようになった。人間は本来、金もなくて名誉もなくて、将来もなくて、そういうボロボロになったときに、何ができるのかが重要だと思った。ささいなことでもよいし、そのときにできることがそいつの力だと思えるようになった。だから、市長だからではなくて、あなたがいると温かいねとか、あなたとだったら一緒にやりたいとか、あなたといるとやる気が出てくるとか、一緒に楽しみたい、そういうふうに人間力で生きていけたら、それは市長にならなくても、何かの役に立てばそれはそれでよいだろう、と思えたのである。

ものすごく明るい、生きていく目標みたいなのができて、次もやろうと思えてきた。そこから毎朝、あちこちの交差点で、6時ごろから623日間、手を振って演説、それを毎日毎日続けた。女房に「もう一回やる」と言ったら、女房が「話がある」とか言うので聞いたら、離婚届が用意されていた。それには必要事項を全部書いてあって判子も押してあって、あとは私が判子押せば完結みたいになっていた。「出るんだったら、別れる」と言ったので、「出る。でも離婚もしない」と言ったら、女房が間髪入れず「何で」と言って、私はもう頭が真っ白になって口から出てきた言葉は「愛してるから」と言い返した。そして「そんな物騒な物はもう破りなさい」と言ったら、女房がそれを破ってくれたのである。そんな長い浪人生活をこつこつやって、70票差で負けた4年後には1万票差をつけて勝つことができた。

私は、この国の政治やこの地域の未来を考えるときに、これだけの浪人生活をして市長になったのだから、「リスクを背負い、覚悟を持ってやっていこう」と思うようになった。反対勢力があっても、抵抗されても、それを背負ったままで、目先の仕事を淡々とやっていこうと思った。それをやって落選したら、また振り出しをもう一遍やればよい。落選をすることにビクビクするのではなく、落選すればあの生活をまたやればいいのであって、さほど怖くはないことに気づいたのである。

国の形と在世の仕組みを変える

私は、自分の危険を顧みないことで世の中を変えていこうと思って、総社の市政をやっている。そして、この国の形はやはり私が変えていかなければならない、と思っている。それは、私は地方が主権を握った方が国際競争力を持つと信じており、それを進めていくべきだと思っているからだ。

日本には、北海道から沖縄まで約８００の市がある。これを基礎自治体といい、国があって市がある。この国の国民（市民）に対するお世話は、死亡届とか結婚届、戸籍や納税などいろんなことは全部、市町村のレベルでやっている。けれど、この国には、県や国の出先機関などの厄介なものがある。私はこの一番下にあるところが主権を持ってやっていくべきだと考え、実現していきたいと思っているのである。

今、この国は、国がつくったレール通りに、全部の市町村が動いている。例えば、特別養護老人ホームを新しくつくろうとしたときに、国の補助をもらうために廊下の幅は何㎝以上、部屋の面積は何㎡以上、建坪率は何％以上という「規格」に沿わなければならない。そうすると、日本全国画一的な特別養護老人ホームになってしまう。保育園も、園の庭は何㎡以上、全部同じ形。それだったら、総社らしさはどこにあり、それぞれの市町村らしさはどこにあるのだろうか。そこに市町村の個性などはないわけである。

このように市町村の首長が厚生労働省のメニューから、これがしたいと丸をつけて選択をするだけで国から降りてくる。例えば、高梁川（一級河川）の河川敷にあるたくさんの雑木の枝を一つ落とすのにも、国の出先の許可が必要。総社市を流れている川なのに、私はその中の枝一本落とす権利がないということなのである。

また、市町村が集める税金は、国に上納することになっている。市町村が１００億円を集めたとしても、そのうち我々に返ってくるのは40億円だったりするのだ。返せとかそういうセコイことを言っているわけではない。私たちが上納したお金は、国を通って市へ返ってくるので、つまり税源がないという立場だ。どうにか私たちが独自性を持たせてもらい、権限とか税源をコントロールしながらやっていきたいと思っている。

最近は、地方主権とか地方分権とかの言葉をよく聞く。これは直接国税を5円以上払い、30歳以上の男性だけに参政権があった明治憲法の時代から同じなのだ。その時代から「地方分権にすべき」と、国会議員はみんな主張していた。それから１００年以上も経って、未だに地方には主権とか税源とかの権限がない。中央のコントロールのままにやっているというのは、一体なぜなのだろうか。

なぜ地方分権が進まないかというと、答えは簡単である。これは、私も秘書時代に中央の立場にいたことがあるので分かるのだが、中央省庁のある東京から地方の市町村を見たときに、「彼らは本当に格差なくやっていけるのか、やっていけないだろう」と思われているからだ。全国的に平衡感覚を持って見て、平均的にそろえていかないといけないと考えている。ある市はこんなにすごいのに、こちらの市はそれほどでもなくなると、不均衡になってしまう。このように市町村によって不均衡な国になったら、よくないと考えているわけだ。国が地方の市町村に対して、ちゃんとやらない自治体があるのではないかという疑心暗鬼を持っているので、地方はいつまでも国のコントロールの中でしか動けない、独自性が発揮できないということになるのである。

それは観光部門においても同じで、私たち地方自治体が国から信頼を得ていないということを大問題としてとらえ、反省しなければならないことだ。私たちが、自立してやっていけることを国に見せていかないといけないわけである。そういう中で最近、各地の市町村で独自性を出そうとする首長がおられる。その中には見習うべきところもあるが、やり過ぎで首をひねるようなところもある。首長の見識を疑うようなことをやり過ぎると、それを国から見ると、この自治体は信頼できるのかということになるのだ。こうした国の見識で、今の日本の国の形ができているわけである。

私たちは、こうした国の形を考え直さなければならず、この国の財政の仕組みが、今、一番の問題だと考えている。

地方分権が進まない理由

あまり知られていないことだが、自治体には財政をつかさどるさまざまな数値があり、その中で私は財政力指数というものを重視している。この財政力指数とは、簡単に言うと、その市が使ったお金の何%が自前の税金とかで賄われたかという数字のこと。総社市は約60%なので、例えば、１００億円の市民会館をつくったときに、市は60億円だけ出せば残りの40億円は国が負担してくれることになる。

日本の山間部には産業を持たない市町村があり、財政力指数が30%以下の自治体は過疎債という、有利な借金ができる優遇措置がある。日本全国に約８００の市があり、その中にはこの財政力指数が30%を超えない方がよいと思っている首長がいる。なぜなら、財政力が低いほうが有利な財政運営ができるからだ。これがこの国のシステムなのである。一般企業に例えるなら、売り上げが上がらない方がよいと思っている社長はいないだろう。ところが、わが国の地方財政法では、売上が上がらないほうが有利だという奇妙なルールがあるのだ。

こうしたことが、地方主権が進まない理由でもあるし、進めてはいけない理由にもなっている。やはり国から地方に、税源と権限をできるところから降ろしていく必要がある。現状のまま財政力が低ければ低いままでいいという国の形では、これからの国際競争の中で勝機はない。いわゆるおんぶに抱っこの大護送船団方式ではいけないのである。本当に総社市は、倉敷市に対して闘いを挑んで負けないで頑張っていけるのか、あるいは横浜に闘いを挑んでいけるのかということなのである。そうではなくて、仲良くなってそれでいいじゃないか、その年、その年が終わればそれでいいじゃないかということでは絶対にいけない、ということなのである。

田舎でヨタヨタして自分で決める能力もないし、職員の教育もできていないのではまずい。国からあなた方に任せてもできるものかと言われたときに、首長らが襟を正して自立し、先頭に立って変わっていくことをやらなければならない。観光という分野でも自分たちが地域の資源を見直して、情報発信をしていく人材を育てることも絶対に必要なのである。

国の政策を地方自治体で取り組む

その観光で自立していくためにもう一つ重要なのは、やはり「国策を盗め、ぶん捕れ」ということだ。今までは国の政策だと思って、国に任せっきりだった政策がいくつもある。国策であったものを、こちらで実施したらよいと思うことがたくさんある。例えば、障がい者の政策。障がいがある人は、全人口の3%から4%いらっしゃる。私たちは彼らに、生活の場をはじめ、安らぎや安心、幸せなどをプレゼントしなければならない立場にあるのだ。

地方の首長たちは、障がい者への施策は国策だと思い込んで、一人ひとりの障がい者の方々を見ていない。仮に見ているとすれば、支援学級や専門の施設にいる小学校3学年までの間だけだ。彼らが、学校卒業後どうするのか、一切考えていない。それはなぜか。それらはすべて「国策」と思っているからだ。福祉施設に入っていれば、後は国が面倒を見るのだろうと思っているからだ。

そして、障がい者の就業についても、厚生労働省がハローワークを通じて就職活動を支援していると思っている。障がい者の就職について、注意深く見ていない。さらには、最終ステージになって、親が先に亡くなると彼らは一人ぼっちになり、職がなく死んでいく場所はどこだということになる。これが今の日本であり、首長の多くがそれは国の仕事だろうと思っている。それを総社市では、市の職員でやっている。全国の市のすべてが障がい者を雇用していこうとやり始めたら、障がい者の居場所が変わり、生き方も変わり、社会が変わっていくことになるのだ。

ほかの農政や交通システム、外国人共生など、政治家や行政にとって不得意な分野を、得意技に変えていかなければならないし、セールスポイントに変えていかなければない。総社が作ったモデルが全国モデルに変わり、そのことで財政のぜい弱な市が立ち上がっていけば、必ずこの国は地方主権になっていくと考えている。

国も地方に委ねたほうが本来は楽なのだが、地方がしっかりしないから任せられない。私たちがこういう政策を得意技に変えて、中山間地域にある市が立ち上がっていけば、必ず日本の未来は変わるはずだ。そういう気概を持つことが大事で、地方主権という意味はそういった考え方になることだと思っている。

自分たちで考えて情報発信

観光の分野も同様といえる。国土交通省におんぶに抱っこではダメなのである。観光行政は、国土交通省の観光局（現、観光庁）に任せ切るのではなく、地方にいる私たちがそれぞれの視野を持ち、独自性を築いて、自分たちのアイディアで得意なものを増やして、新たなものをつくっていくことが重要だ。

日本の観光は「素材」はいいわけだから、海外や県外からもたくさんの方が来てくれるし、アイディアをきちんと持っていけば、この国の地方主権は実現できると思う。

「総社観光大学」も、総社観光プロジェクトで論議を重ね、そこでの衆知をあつめたところで実現した。地方には、こんな大学もあってよいのだ。観光を考えるにあたっての基礎学習、基礎研究、おそらく全国でも先駆的な試みであろう。

とくに、総社市民の一人ひとりがこの「総社観光大学」で習得した知識で、自分たち住む地域の観光資源を見直し、総社市の内外に情報発信をしていってくださることを期待している。

（第２回総社観光大学の講義録より）

第一章　古代吉備の成立と繁栄

平井　典子（総社市埋蔵文化財学習の館館長）

総社《そうじゃ》（＝惣社《そうじゃ》）とは

古代吉備の歴史をひもとく前に、先ず、「総社市」の名前の由来について触れておきたい。

律令制の下、国司という官僚が中央から派遣され、各国（旧国：例えば備中国、備前国等）の支配にあたるようになる。国司には、国を統治するほか、祭祀と神社管理も重要な仕事であり、一宮以下国内の神社を巡拝するという職務が課せられていた（備中国は３２４社）。

しかし、10世紀後半には、受領《ずりょう》（平安時代以降における現地に赴任した国司の最高責任者）による私的な富の追求が激化し、次第に中央の目も届かなくなる。また治安の悪化や、国司の権限が衰退したため、神社巡拝をやめ、国内の神社を国府の近くに合祀するようになった。これが総ての社を集めた惣社（＝総社）である。

「惣社」という名称は、藤原時範《ふじわらのときのり》が記した『時範記《ときのりき》』の康和《こうわ》元（１０９９）年2月15日条にみえる因幡国の惣社が初見である。このことから、11世紀末には惣社制の実態が備わっていたものと考えられている。

なお、各国の国府が置かれた地域では、総社という地名が現在も残っているところが多いが、市名として使用されているのは岡山県総社市のみである。この地に総社の名が残っていることから、場所は特定されていないものの、備中国府が総社市内のどこかに置かれていたものと想定される。

古代吉備国《こだいきびのくに》

古代吉備国は、岡山県の東部に位置する備前国、岡山県の西部に位置する備中国、広島県の東部に位置する備後国と、都に向かって前・中・後の三つの国から成っていた。しかし、７１３年には備前国の北半部6郡を割いて美作国とし、四つの国から構成されることとなった。

吉備には、筑紫《つくし》の大宰府《だざいふ》と同様に大宰《おおみこともち》が中央から派遣され、播磨を含む広い地域を統治していた。吉備の大宰としては、壬申《じんしん》の乱で功績のあった石川王《いしかわのおおきみ》が知られているが、真庭市の旧北房町に築かれた大谷《おおや》1号墳は、7世紀後半の墓としては天皇陵に匹敵する規模をもつことから、吉備で亡くなった石川王の墓ではないかという説もある（平井　勝1999）。

なお、鬼ノ城の麓、池ノ下には、山と山の間をふさぐように土塁が築かれており、筑紫の大宰府や大野城の傍に造られた第一防衛線である水城《みずき》と同様の機能をもっていたと想定されることから、吉備の大宰府は池ノ下の土塁の北側に立地していた可能性も考えられている。

このような吉備国のまとまりが弥生・古墳時代にまで遡るとは思えないが、吉備南部の特徴としては、2018年の大水害のほか、過去にも何度かの水害に見舞われてきたものの、比較的災害が少なく温暖な気候と豊かな水、広い平野と肥沃な土地に恵まれたところといえる。また瀬戸内海の海上交通の要衝、陸上交通の要衝としても栄えた地域である。

このような環境に恵まれた吉備は、朝鮮半島から水稲耕作が伝播して以降、水稲耕作を主生業とし、豊かな実りを享受することができたと想定される。

水稲耕作の伝播

水稲耕作が伝播した頃、北部九州を中心とした西日本では、それまでの縄文土器・石器とは異なる土器や石器が散見されるようになる。それらは当時の朝鮮半島で使用されていた土器や石器に類似していたことから、水田耕作は長江下流域から北ルートをたどり朝鮮半島から伝播されたものと捉えられた。

当時の日本列島は、縄文時代晩期の終わり頃とされていた時期である。現在までに発見された最古の水田跡は佐賀県の菜畑《なばたけ》遺跡で、水田跡が発見された段階から弥生時代とする見解が現在の主流となっている。それまで弥生時代は前期・中期・後期という時代区分がなされていたが、この段階を前期の前に置き、早期とする時期区分が設定された。

水稲耕作の伝播と共に朝鮮半島から多くの人々が渡来したと考えられており、混血によるものか、それまでの縄文人の形質とは大きく異なる弥生人が誕生する。

また多くの人々が渡来してきたことによって、水稲耕作だけではなく、文化や様々な技術も伝播してきたと考えられる。例えば、農耕具も早い段階から、機能にあった形態をもつものが作られており、１９５５（昭和30）年頃からの高度成長期によって機械

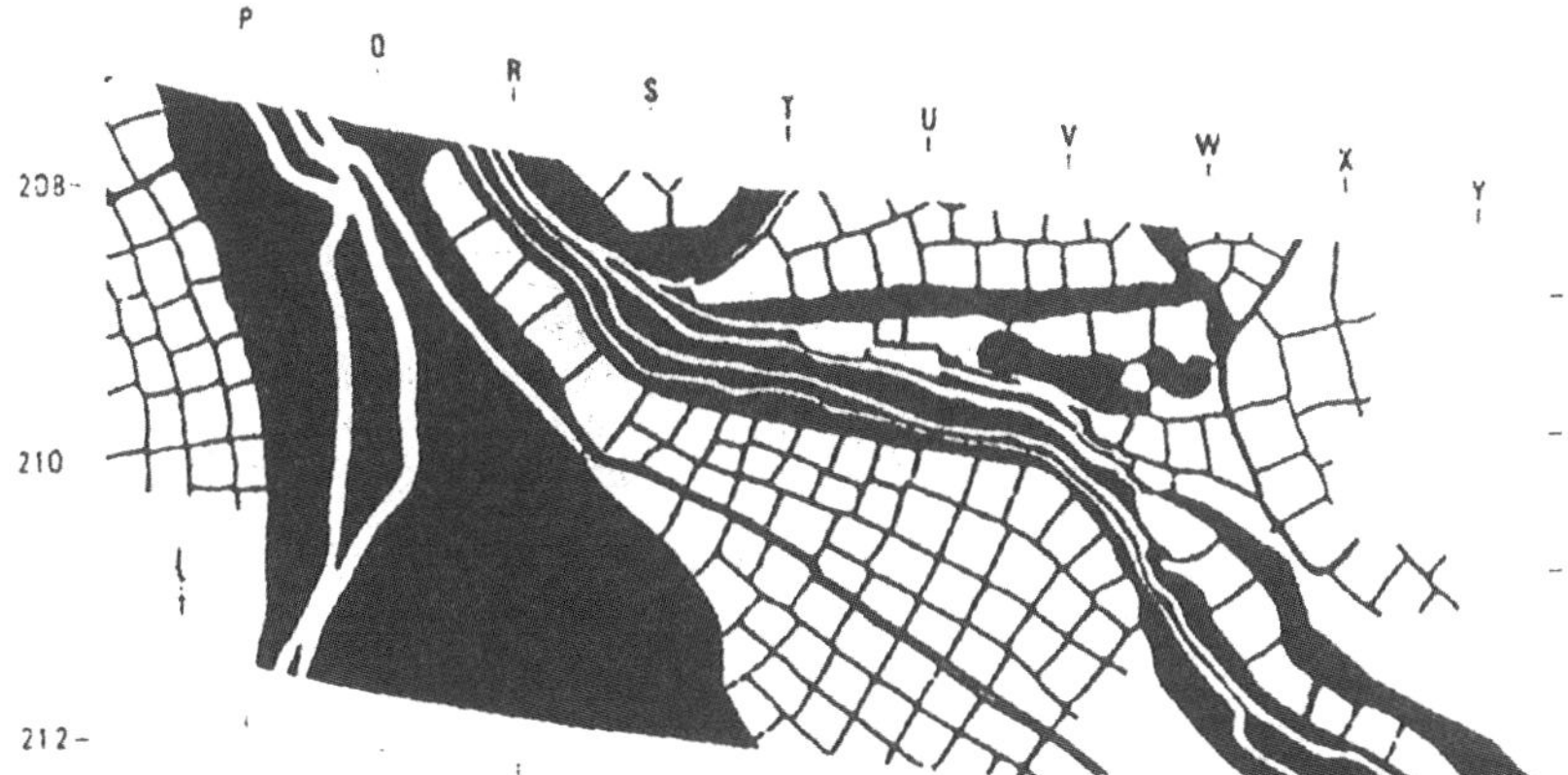

弥生時代の水田と水路
（岡山県古代吉備文化財センター1989『百間川の遺跡群』から引用）

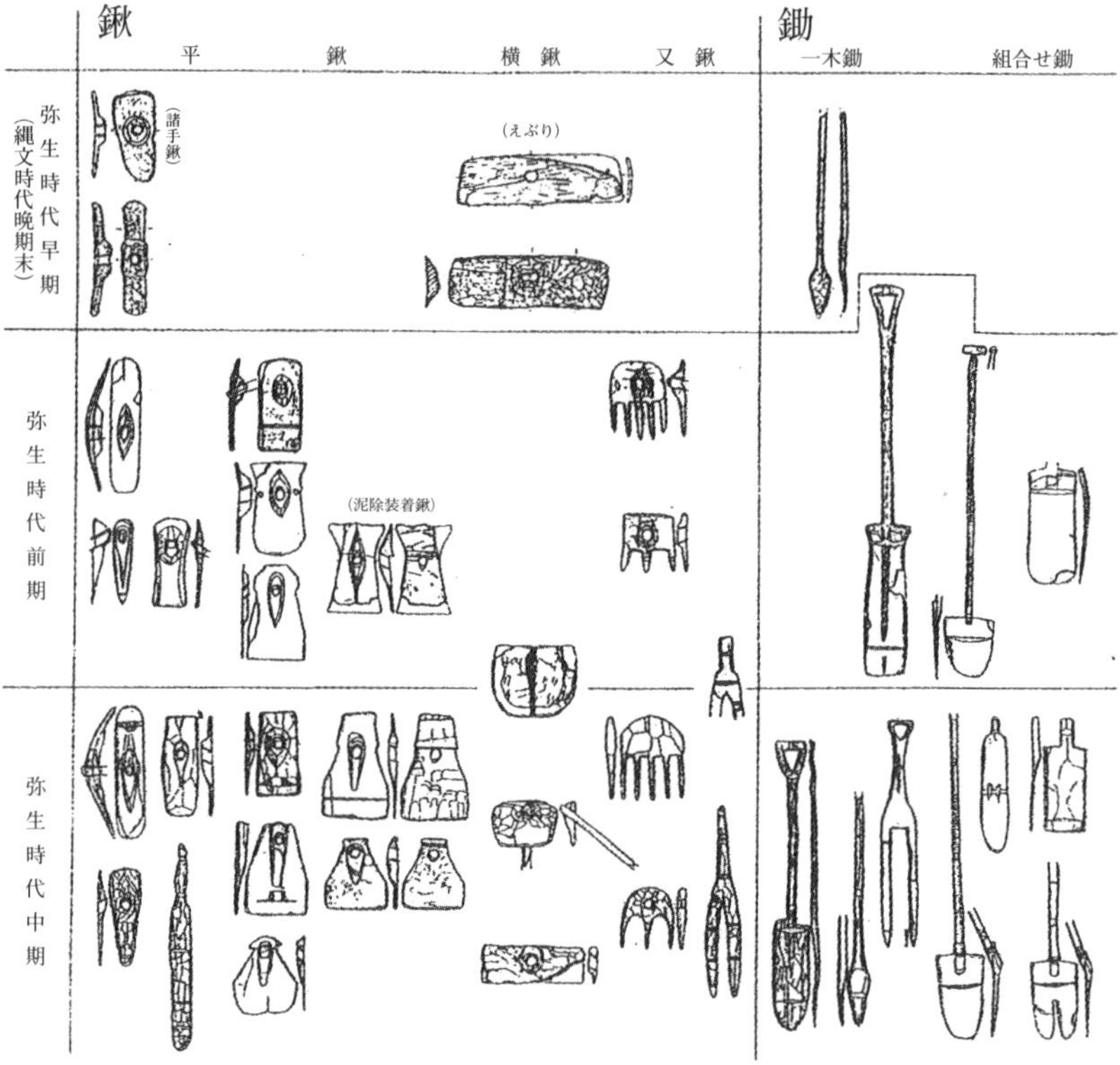

弥生時代の農具の推移（平井2007から引用、一部改変）

化が始まるまでは、堅い樫の木の刃先が鉄に替わっただけで、弥生時代とほとんど変わらない形態をもつものが使用されていた。

なお農耕は縄文時代から行われていたことが、近年の調査研究によって明らかになっており、吉備でも縄文土器に、ダイズや小豆など豆類の圧痕が認められるものもしばしば見受けられる。また、縄文時代後期以降、沖積平野に集落拠点が移ってきたことも、農耕を裏付ける事象の一つと考えられ、水稲耕作を受け入れる基盤はできていたものと推定される。

畑作や栗・橡《とち》など堅果植物の栽培等は小人数で行えるものである。しかし水田でコメを作るには、川から水を引き、畦を作るなど、大規模な土木工事を行う必要があった。そのためには大きな集団で対応することが必須となり、集団が大きくなることによって、戦争や階層差など新たな社会の確執や秩序も発生し、それまでの縄文社会とは大きく異なる弥生社会が形成されていくことになる。

弥生時代における吉備の祭祀

分銅形土製品《ふんどうかた》

吉備のまとまりを示す最初の祭祀具として、弥生時代中期~後期の初めに使用された分銅形土製品があげられる。これは昔の秤《はかり》に使用された分銅という鉄の錘《おもり》に似ていることからこの名があり、顔が描かれているものがしばしば見受けられるこ

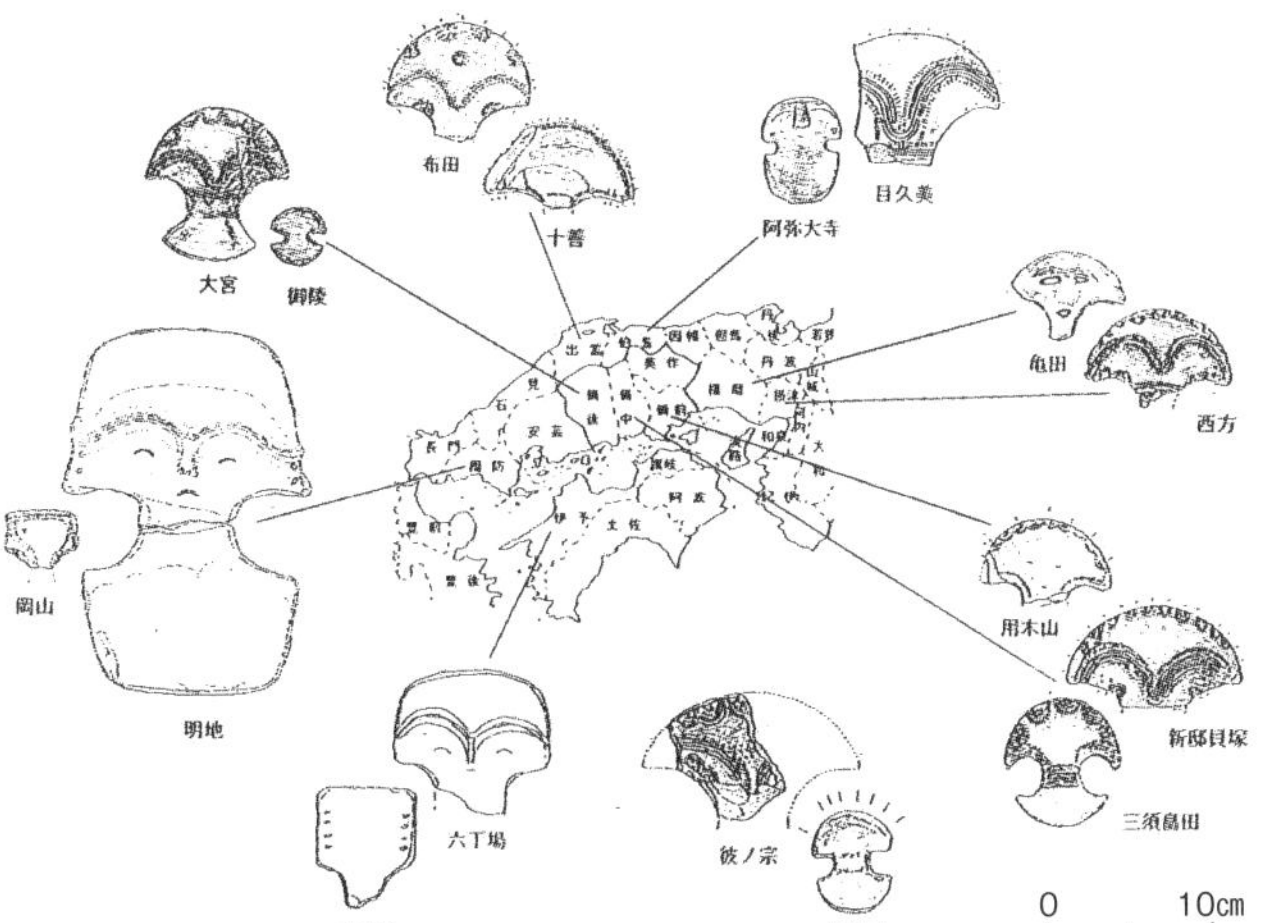

分銅形土製品の分布

とから、人をかたどったものと捉えられている。吉備を中心として周辺地域や一部遠隔地まで分布するが、西部瀬戸内に分布するものは若干形態が異なっている。

西部瀬戸内の山口県や愛媛県から出土するものは、上下共に四角ばったものが多く、顔の表情もにこやかだが、吉備系のものは、やや寂しげで陰気な雰囲気を醸《かも》し出すものが多い。

これらの分銅形土製品は、割れて出土するものが多いため、災いや病気などをこの土製品に託し、身代わりとして壊すことによって病気や災厄から逃れる、形代《かたしろ》的な祭祀道具の可能性が高いとみられている。

土器祭祀

弥生時代の祭祀といえば、銅鐸、銅剣、銅矛・銅戈など、青銅器祭祀が広く知られるところである。吉備においても銅鐸をはじめ、量的には少ないが、銅剣や銅戈も出土している。

しかし、岡山県南では、銅鐸を後期の初頭には土の中に埋納した可能性が高く、銅鐸祭祀は他地域に先駆け早々に終焉を迎えていたものと思われる。

この状況を寺沢薫氏は、銅鐸祭祀の代わりに特殊器台の祭祀が出現したことによるものとしている（寺沢２００２）。銅鐸が後期初頭に埋納されたとすると、概ね1世紀後半にあたるが、それに比し特殊器台の出現は2世紀後半でも新しい段階と考えられ、１００年余りの時期差が想定される。しかも銅鐸祭祀は集落での祭祀であり、特殊器台は葬送の祭祀であることから、銅鐸から特殊器台への移行は考えにくい。

それでは、空白の100年余り、銅鐸に替わるどのような集落祭祀が行われていたのであろうか。

弥生時代中期に出現した器台は、岡山県南では器台と壺のセットとして弥生時代後期を通し普遍的にみられ、鋸歯文《きょしもん》や波状文《はじょうもん》などの装飾を施したものや、絵画や弧文などを描いたものも数多く見受けられる。また、丁寧に作られた高坏や特殊な形をした小型の精製土器も多く、これらの土器は弥生時代終末期まで大集落で大量に出土し、集落内の祭祀に使用されたものと考えられる。このような流れの中で、2世紀の後半に、特殊化した巨大な器台と壺（特殊器台・壺）が、葬送祭祀のために製作・使用されたものと推定される。なお、集落でみられる小型の土器も共に葬送祭祀に使用されている。

集落祭祀に使用されたと考えられる加飾された器台や壺、小型の精製土器などが多く出土する地域は、吉備の中でも特に岡山県南部の特徴と捉えられる。器台については、近隣の山陰や一部美作でも鼓形《つづみがた》器台がみられるが、比較的小振りで装飾はほとんど施さない。播磨から畿内にかけても吉備と同様の大きさをもつ器台がみられるが、吉備ほど加飾したものが普遍的にあるわけではなく、量的にも少ない。北部九州でも中期後半には、表面を磨いた特殊な形態をもつ筒形器台が存在するが装飾はなく、後期になると小振りになって粗雑化する。また吉備に属する備後南部では、備前・備中南部とは異なり、器台は非常に少なく、高坏すらあまりみられない。

このようにみていくと、吉備の器台や壺、高坏、他の小型土器のあり方は特殊で、土器祭祀に特化した地域といえる。

戦争の始まり

弥生時代中期には戦闘に使用されたと考えられる石製武器が出現する。石剣《せっけん》や石槍《せきそう》、そして5cmを超えるような殺傷能力の高い石鏃も作製され、実際に石鏃や石剣の切っ先が刺さったままの人骨も出土している。

しかし、吉備南部においては、武器の発達はあまり顕著ではない。岡山県南の中期～後期初頭の遺跡から出土した石剣・石槍を集成してみても現在までに200点程度の出土で、不確実なものを入れても230点前後である。ところが、大阪府下では、池上遺跡だけでも600点近く出土している。藤井寺市の国府《こう》遺跡KO11―3区でも、130㎡の調査区から未製品・欠損品を多量に含む石槍・石剣が103点も出土している（山田2019）。この遺跡からは、石庖丁10点、石斧3点と、他の石器の出土量は少ない。なお、国府遺跡KO08―2区でも同様の状況が認められるようであり、岡山県南部のあり方とは大きく異なる。

一定程度の大きさがあることで、認識しやすい石剣・石槍と石庖丁、石斧の出土比率を遺跡ごとに調べると、岡山県南部では石剣・石槍の出土比率は概ね5～6%、平野部からやや離れた丘

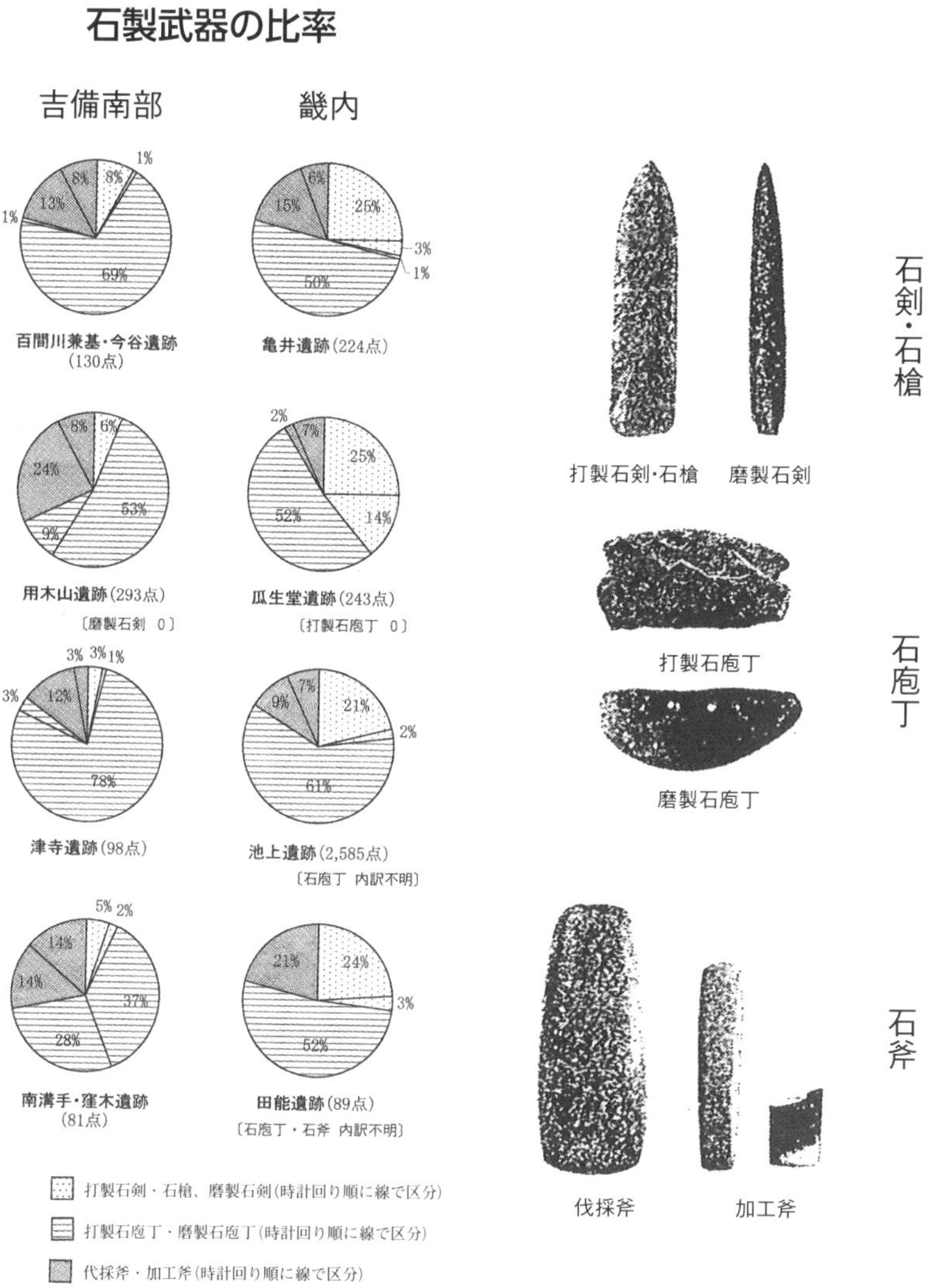
石製武器の比率
吉備南部
畿内
1%
8%
8%
13%
1%
69%
百間川兼基・今谷遺跡
(130点)
6%
15%
25%
3%
1%
50%
亀井遺跡(224点)
8%
6%
24%
53%
9%
用木山遺跡(293点)
〔磨製石剣　0〕
2%
7%
25%
14%
52%
瓜生堂遺跡(243点)
〔打製石庖丁　0〕
3%
3%
1%
3%
12%
78%
津寺遺跡(98点)
7%
9%
21%
2%
61%
池上遺跡(2,585点)
〔石庖丁　内訳不明〕
5%
2%
14%
14%
37%
28%
南溝手・窪木遺跡
(81点)
21%
24%
3%
52%
田能遺跡(89点)
〔石庖丁・石斧　内訳不明〕
打製石剣・石槍、磨製石剣(時計回り順に線で区分)
打製石庖丁・磨製石庖丁(時計回り順に線で区分)
代採斧・加工斧(時計回り順に線で区分)
石剣・石槍
打製石剣・石槍
磨製石剣
石庖丁
打製石庖丁
磨製石庖丁
石斧
伐採斧
加工斧

吉備と畿内の争乱の差異
(平井2002から引用、一部改変)

陵上の赤磐市用木山《ようぎやま》遺跡でも9％程度である。それに比べ大阪府下の遺跡では20～40％近くを占めており、前述の国府遺跡KO11―3区では88％もの比率になる。石鏃も、岡山県南では大阪府のように5㎝を超えるような殺傷能力の高いものは少なく、概ね2～4㎝前後のものが主流である。

なお岡山県内の打製石剣・石槍は、イネ科草本植物を切った時の光沢、いわゆるコーングロスが認められるものや、稀に紐掛けの抉り部が残存するものもみられ、打製石庖丁を再利用したものが多い（高田2000）ことを物語っている。このように当初から打製石剣・石槍として作られたものは少なく、石庖丁を再利用する程度で事足りたようである。畿内とは異なる岡山県南の社会状況が認められる。

集落を取り囲む防禦用の環濠《かんごう》も、岡山県南では弥生時代前期の終わり頃には埋め始めており、中期以降のものは認められない。九州北部や畿内をはじめ他地域では、二重、三重の環濠をもつ集落が、弥生時代の終わり頃まで存在していることからも、状況は大きく異なっている。

このように、岡山県南部では武器をあまり必要としない争いの少ない社会があったと想定される。それはやはり環境に恵まれて豊かな実りがあり、共同体の成員はその実りを享受し、食糧にはあまり困らなかったからではないかと思われる。それに比べ、特に大阪府では一部、頻繁《ひんぱん》に洪水に襲われた地域があり、収穫ができなかった時は他の集落に略奪に行く以外にはなく、迎え撃つ側にも武器は必要不可欠だったのではないかと考える。

階層の発生

水稲耕作に伴う大土木工事が行われるようになって集団が大きくなり、社会は変わっていく。その中で、大土木工事を指揮する人、収穫物や田に引く水を巡っての争いを指揮する人、また豊穣《ほうじょう》を願い祈りを捧げる祭祀者などが次第に集団の中で特別な人として力をもつようになり、階層差が生まれたと想定される。この階層差を顕著に示すものが墓である。

吉備、特に岡山県南では、弥生時代中期の初め頃までは、墓域を集落の傍に置き、埋葬した土壙墓にも顕著な差はない。中期後半以降、特に後期に入ると、墓域は丘陵上に造られるようになる。これは墓域によって生業域や居住域が浸食されないようにすることも大きな要因と考えられる。百間川遺跡群原尾島遺跡の例でも、水田の下から井戸が出土しており、耕作地を拡大するために集落部分が開墾されたことを物語っている。

中期後半以降、丘陵上に造られた集団墓地は、特に後期中頃以降になると格差が顕著になっていく。穴を掘り木の棺を入れただけの土壙墓群の一画に、墳丘などを築いて区画し、一部の特別な人たちをその区画内に葬るようになる。そしてついには一人の人のためだけに大きな墳丘をもつ墓を造るようになっていく。このような墳丘墓には、しばしば特殊器台《とくしゅきだい》、特殊壺《とくしゅつぼ》と呼ばれる巨大な器台・壺が見受けられる。

これは先述した集落祭祀で使用されていた器台・壺が巨大化し、装飾をさらに施して丹を塗った葬送儀礼用の土器として作り出されたものである。

この特殊器台・壺は、その型式から倉敷市の楯築《たてつき》墳丘墓に初めて使用された可能性が高い。楯築墳丘墓は、約40ｍの円丘部両端に方形の突出部が取り付いた全長約80ｍ、弥生時代における国内最大の墳丘墓である。楯築墳丘墓の円丘部には高さ約２～３ｍもの巨大な石が5個、現在も立てられたままで残っており、このような立石《りっせき》は他の墳丘墓では認められない。また、伝世の亀石を含む弧帯石《こたいせき》や人形土製品など呪術的な様相が強くみられる。そのほか、中国や朝鮮半島で使用されていた木槨《もっかく》をもつこと、木槨内の木棺には32kgもの純度の高い辰砂《しんしゃ》（水銀朱）を敷いていること、棺内に納められた碧玉製管玉《へきぎょくせいくだたま》・瑪瑙製棗玉《めのうせいなつめだま》は朝鮮半島製と考えられること（中村２０１７）など、海外からの品々を取り入れており、この墓の主は吉備の中でも際立って特別な存在だったと考えられる。

楯築墳丘墓の南約２㎞の地点に位置する上東遺跡では、弥生時代後期の波止場状遺構が検出され、夥《おびただ》しい数の土器が出土している。絵画を描いたものや文様で装飾したものなど、祭祀に使用されたと考えられる土器も数多くみられる。中には朝鮮半島からもたらされた瓦質《がしつ》土器や陶質《とうしつ》土器のほか、楽浪郡（前漢の武帝が現在の平城付近に置いた郡で、３１３年に滅亡）の円筒形土器や、中国の新《しん》の国で使用された貨泉《かせん》なども出土しており、楯築墳丘墓の近くに外《と》つ国からの文物がもたらされた良好な港が存在したことは示唆的である。

なお、楯築墳丘墓に共献された土器は、弥生時代後期を四つに分けた三つ目の時期のもので、それ以前の備前南部と備中南部の土器は、特に壺や高坏に異なる特徴がみられたが、楯築墳丘墓出現前夜には両地域の土器が統一され、楯築墳丘墓ではその統一された土器が共献されている（平井2017）。また、楯築墳丘墓は備前・備中の境付近にあることから、両勢力によって、偉大なる王のためにできうる限りの葬送祭祀を行ったのではないかと考えさせられる。

特殊器台は集落からも稀に出土するが、概ね墳墓に据えられており、その分布は備中を中心に吉備全域、そして出雲、伯耆、讃岐などでも散見され、弥生時代最終末から古墳時代の初頭にかけては畿内でも出土しており、当時の集団関係を考える上で重要な資料である。

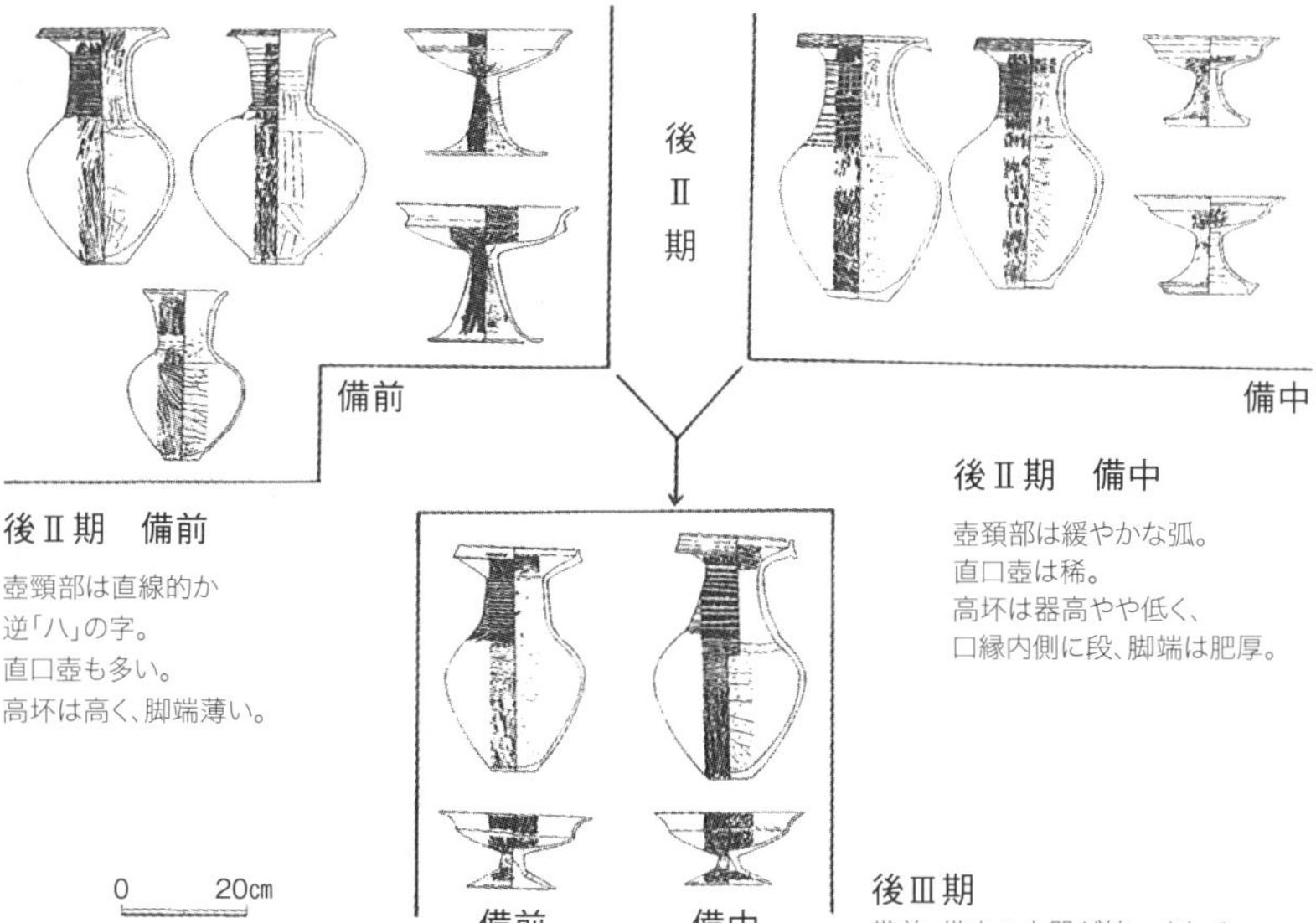

後Ⅲ期における備前・備中の土器統一

弥生時代後期最終末には、総社市内に前方後円形の宮山墳丘墓が出現し、この墳丘墓から出土した宮山型特殊器台と同じ型式をもつものが、大和の最古式の前方後円墳：箸墓《はしはか》古墳・西《にし》殿塚《とのづか》古墳・弁天塚《べんてんづか》古墳・中山大塚古墳などから出土している。しかし大和で出土した宮山型特殊器台は、形態や文様の弧線の数などに退化した要素がみられ、次の段階に出現する特殊器台形埴輪も伴っている。また中山大塚古墳に至っては、さらに新しい円筒埴輪も伴っている。このように大和の宮山型特殊器台は後出的な要素が強いことから、吉備から伝播したものと想定される。なお、この特殊器台が埴輪の起源と捉えられている（近藤・春成１９６７）。

宮山墳丘墓から出土した宮山型特殊器台が、大和の最古クラスの古墳から出土していることによって、宮山墳丘墓も古墳と捉える説もあ

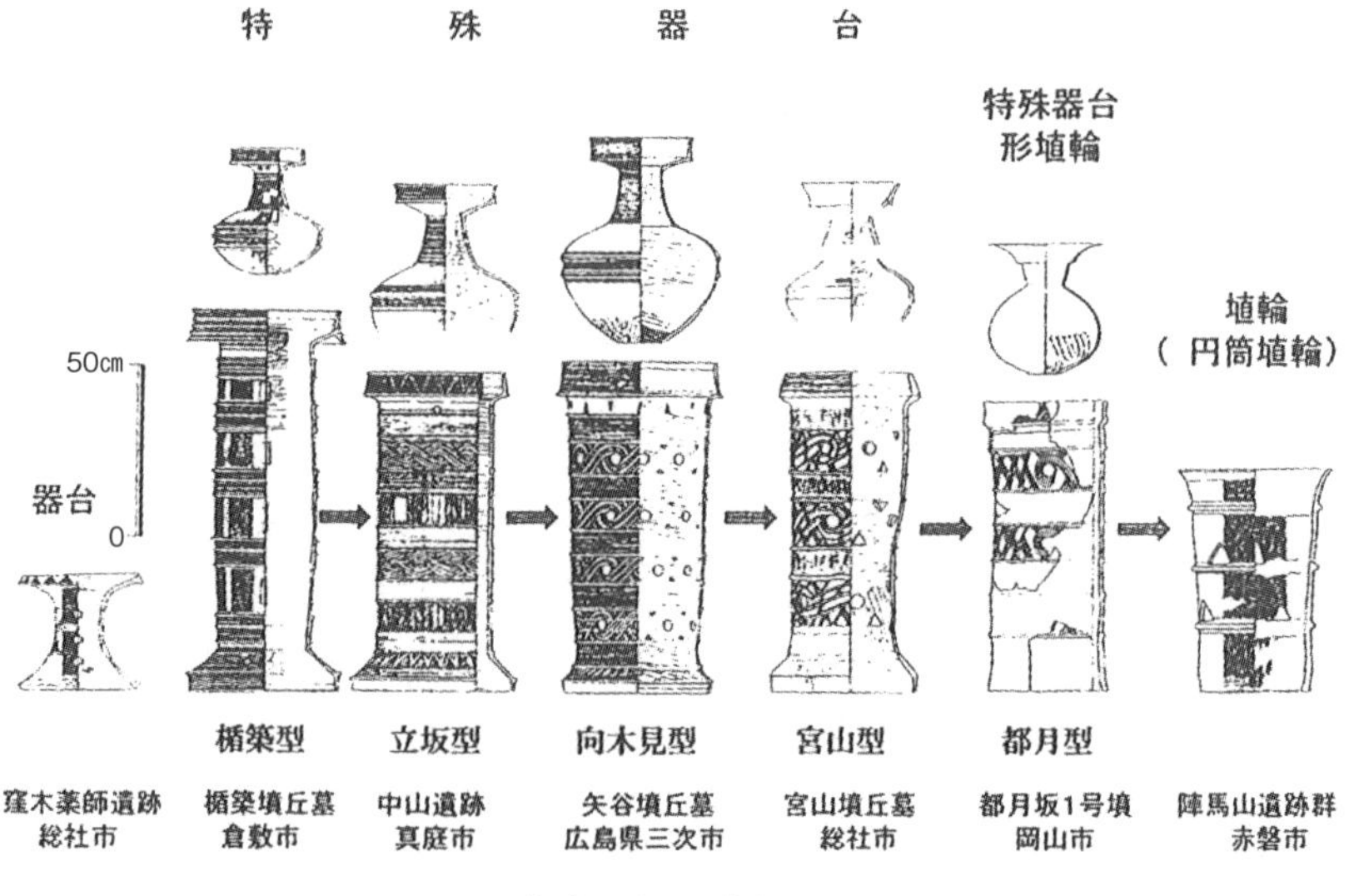

特殊器台から埴輪へ

る。しかし宮山墳丘墓は、同一丘陵に築かれた前期の前方後円墳にみられる丘陵尾根上の立地とは異なり、集団墓地の一画に位置するという弥生時代的なあり方をすること、竪穴式石槨《たてあなしきせっかく》も長さは３ｍ程度で古墳時代前期の長大なものではなく、使用された石も板石ではなく角礫や円礫を使用していることなど、弥生墳丘墓と同じ様相がみられる。また、最古の古墳とされる箸墓古墳出土の宮山型特殊器台よりも、宮山墳丘墓出土のものが古相であることなどから、古墳出現前夜に築かれた弥生時代の墳丘墓と考えている（平井２０１３）。

　このような首長の葬送祭祀は、首長から首長への権威を継承する重要な儀式と考えられているが、大和政権が吉備の特殊器台を使用した葬送祭祀を取り入れるということは、一強の独裁的な政権ではなく、部族連合国家として古墳時代が始まったことを示している。

古墳の築造

　古墳時代初頭には、弥生時代の墳丘墓と比べ、全長２７８ｍという隔絶した規模をもつ箸墓古墳をはじめ、２００ｍを超える古墳が大和に集中して築造されており、大きな社会の変革があったことを物語っている。

　なお、この時期、畿内以外の地で最も大きな古墳は、備前南部に築造された浦間茶臼山《うらまちゃうすやま》古墳（１３８ｍ）で、箸墓古墳の約１／２の設計図で造られたと想定されており、大和と吉備の緊密な関係が窺える。

古墳時代は、大和政権との関係において、それぞれの地域で最もランクが上の首長が前方後円形、その次が前方後方形、さらに下位が円形、方形の古墳を造るという約束事ができた時代である。古墳の形態や槨《かく》、棺の形態、副葬品なども一定程度同様に変化していく。

しかし、前期の首長墓は、地域によってはその地域独自の墳丘形態をとるものもあり、讃岐の石清《いわせ》尾山《おやま》古墳群でみられるような封土のかわりに石で墳丘を覆ったものや、

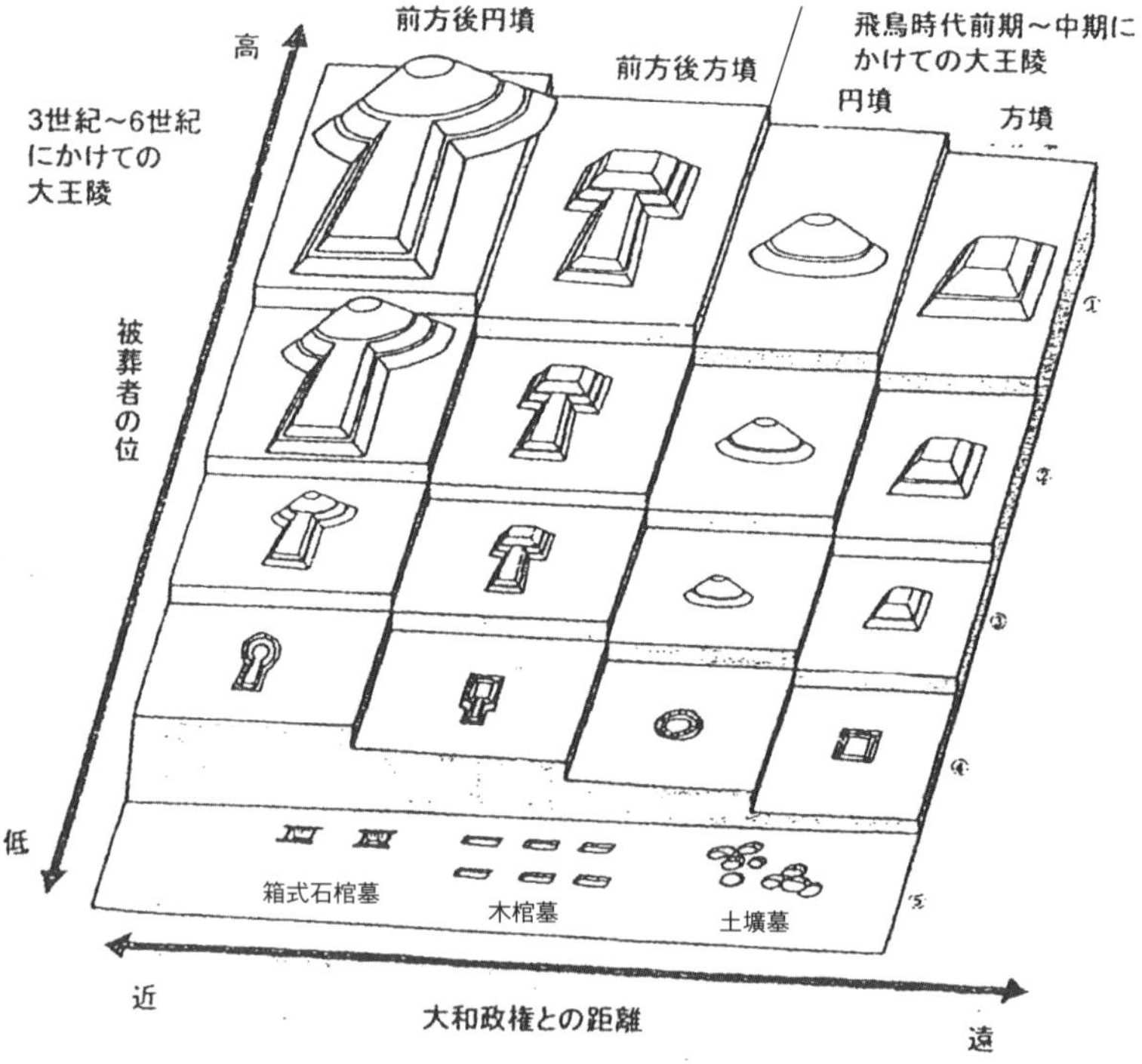

古墳ランキング（広瀬2015から引用、一部改変）

双方中円墳《そうほうちゅうえんふん》のように特異な形態をもつものもみられる。大和の櫛山《くしやま》古墳も双方中円墳である。まだこの段階では、古墳のあり方に強固な統一性はなかったとも考えられる。

吉備では、前期には水系や平野単位、居住基盤や生産基盤に依拠して、前方後円墳や前方後方墳などの首長墓が築造されてきたと考えられる。しかし古墳時代中期の5世紀代に入って造山古墳が築造されてから後は様相が一変し、全域に広がっていた首長墓は姿を消して、それまで前期の首長墓がほとんどみられなかった造山古墳と作山古墳の間に集中して築かれるようになる。その立地も前期のように丘陵上ではなく平野に囲まれた低丘陵に移行する。現在でいう吉備路周辺である。

造山・作山古墳が築造された時期に併行する前方後円墳は、備前の牛窓湾沿岸や備中北部の北房地域を除き見受けられない。この二つの地域は、前期から連続的に首長墓が築かれた、他とは異なる特異な地域で、吉備勢力とは一定の距離をもっていた可能性もある。

5世紀後半に入ると、備前の赤磐市に墳長206mの両宮山古墳が築かれ、その周辺にも首長墓が造営される。この頃になると、前方後円墳や帆立貝形《ほたてがいがた》前方後円墳などの首長墓が、他の地域でも再び築かれるようになる。

このような首長墓の変遷は、畿内や他の地域でもみられ、ある程度連動している可能性も考えられる。

6世紀に入ると、全国的に巨大な前方後円墳は少なくなるが、これまで大きな古墳を築いてきた吉備でも、１００ｍを超える古墳すら築造されていない。６世紀後半になって、やっと１００ｍの前方後円墳：こうもり塚古墳が築造されている。

こうもり塚古墳は、横穴式石室を採用し、巨大な石を使用している。石室の全長は19・４ｍと長大で、奈良の石舞台《いしぶたい》古墳とほぼ同規模である。また、倉敷市真備町の箭田《やた》大塚古墳、岡山市牟《む》佐《さ》大塚古墳と共に岡山県３大巨石墳として知られている。

外《と》つ国から伝来した文物・技術

５世紀代には、朝鮮半島から先進の技術や、様々な文物と共に人々が入ってくる。竈《かまど》や甑《こしき》（蒸し器）、Ｕ字形鋤先・曲刃鎌などの鉄器、金（金銅）製品、馬と馬具、横穴式石室、陶質土器、登《のぼり》窯《がま》で土器を焼く技術など枚挙にいとまがない。

特に竈は移動式のもののほか、住居に据え付けたものが多くみられ、５世紀以降の住居址からは、竈と共に甑（蒸し器）やその破片が出土することが多く、コメを蒸して食べることが主流になったと考えられる。

横穴式石室は、九州の一部の地域では5世紀段階から普及するが、吉備では6世紀中頃以降普遍的に採用される。その中で、造山古墳の傍らにある千足古墳の横穴式石室は、５世紀代の古い形態をもつ吉備最古の横穴式石室である。

このように、比較的変化しにくい食習慣や埋葬の風習が変わっていくことをみれば、相当多くの人々が渡来してきたものと考えられる。

なお、造山古墳周辺から出土した朝鮮半島からの搬入品としては、榊山《さかきやま》古墳から出土したとされる馬形帯鉤《うまがたたいこう》（6点）や陶質土器などが挙げられるが、馬形帯鉤は長野県浅川端《あさかわばた》遺跡の住居址から1点出土するまでは、国内唯一のものであった。その他九州肥後との関係を物語るものも出土している。千足古墳の石室障壁《しょうへき》に刻まれた直弧文《ちょっこもん》や、出土した古墳は定かでないが造山古墳前方部の上に置かれた阿蘇《あそ》熔結凝灰岩《ようけつぎょうかいがん》製の石棺である。造山古墳およびその周辺の古墳の被葬者は朝鮮半島だけでなく肥後とも深い係わりがあったことを物語っている。

5世紀代の文字記録

この頃の信憑性の高い記録はほとんど残されていないが、中国南朝の最初の王朝である宋（420～479年）の正史『宋書《そうじょ》』の「倭国伝」に、讃《さん》、珍《ちん》、斉《せい》、興《こう》、武《ぶ》というわゆる倭の五王の記録がある。このうち武は、雄略天皇と捉えられている。　421年以降倭国は数次にわたって朝貢し、倭国王や将軍号を授かっている。

この記録によると、438年に珍は安東将軍・倭国王に任じられているが、この時臣下の倭隋ら13人の将軍号も求め認められている。451年の斉の時にも臣下の23人について申請した将軍号、軍太守号を授かっている。このように臣下の将軍号まで求めたことは、未だ倭政権が独裁政権として君臨したのではなく、部族連合の長として存在したものと想定される。

吉備では国内で10位以内の墳長をもつ前方後円墳が2基存在する。5世紀前半の古い段階に築かれた造山古墳（第4位、約350m）で、同時期における最大の古墳：和泉の石津丘《いしづがおか》古墳（第3位、約360m）に次ぐものである。次に築かれた作山古墳（第10位、約282m）は5世紀中頃でも古い段階と捉えられ、この時期の最も大きな古墳は墳長約425mを測る河内の誉田御廟山《こんだごびょうやま》古墳である。墳長約282mの作山古墳とは比ぶべくもないが、ほぼ同時期の前方後円墳としては2番目の大きさとなる。

このように、ある一時期においては第2位の規模を誇った造山・作山古墳の被葬者が、宋書に記された臣下の中に含まれていた可能性はかなり高いと思われる。近年、岡山市文化財課の草原孝典氏は、438年の「倭隋」に注目し、年代的なことや当時全国で2番目に大きな古墳であったことなど幾つかの点か

造山古墳（岡山市）
（岡山市教育委員会提供）

作山古墳（総社市）
（総社市提供）

ら、作山古墳の主である可能性を指摘しており、その可能性は十分考えられるのではないかと感じている。

そのほか、残された文字記録には、『日本書紀』があるが、吉備に関する特筆すべき事として、雄略天皇の巻に記された吉備の反乱伝承が挙げられる。雄略天皇は実在したと考えられており、倭王武とみる説が有力であるが、そうであるならば『宋書』に記された478年前後の王である。日本書紀が編纂された720年からすると、250年近くも前のことで、権力を握ったものに都合よく書かれていることは否めないが、大王の地位を脅かすような反乱伝承が三つも記されているのは吉備だけである。そのまま史実とは考えられないが、記載された内容から、大和政権と吉備の確執が垣間見られる。

因《ちな》みに、200mを超える古墳は全国で40基にもみたない。そのほとんどが畿内のうち大和、河内、和泉に集中し、それ以外では、群馬県の太田天神山古墳（約205m）1基と、吉備の造山古墳、作山古墳、両宮山古墳（206m）の3基のみである。少なくとも5世紀段階までの吉備は強い力をもっていたと推測される。

鉄と塩

吉備は「真金吹く」という枕詞が付されたように、古くから鉄で栄えた地域と捉えられることが多いが、実態はどうであろうか。

鉄器は、弥生時代の古い段階から断片的に国内に入ってきているが、利器のほとんどは石で作られていた。弥生時代後期になると、石器が姿を消していくことから、鉄器が普及してきたものと考えられている。この頃から朝鮮半島の鉄素材を輸入し、鍛冶によって鉄器生産を行うようになったものと捉えられる。

しかし、弥生時代後期の鉄器の出土状況をみると、他地域に比べ吉備の鉄器普及率が高いとはいえない。むしろ近隣では出雲や伯耆・因幡など山陰の方が鉄器の出土量は多い。5世紀代でも、古墳などに副葬された鉄器からみて、明らかに畿内のほうが大量に出土している。

前述したように、5世紀段階には朝鮮半島から多くの渡来人や様々な技術・文物が入ってきたが、この段階でも鉄素材そのものを生産する技術は伝わってこなかった。鉄造りはその国の大きな力になると思われ、その技術は門外不出とされていたのかもしれない。

ところが、6世紀後半にその製鉄技術が総社の地に伝来し、国内最古の製鉄遺跡が築かれた。

千引カナクロ谷製鉄遺跡（総社市）
（総社市提供）

千引カナクロ谷製鉄遺跡である。製鉄技術が伝わると、以後7世紀、8世紀と総社市内に製鉄遺跡が広がっていく。また、千引カナクロ谷製鉄遺跡からやや遅れるが、6世紀後半～末以降、県北や、備後北部、出雲・近江《おうみ》へと製鉄技術は伝播していく。

なお、総社市内の製鉄遺跡では、鉄鉱石を主として使用しているが、それ以外の地域では砂鉄が主原料と

製塩土器の変化

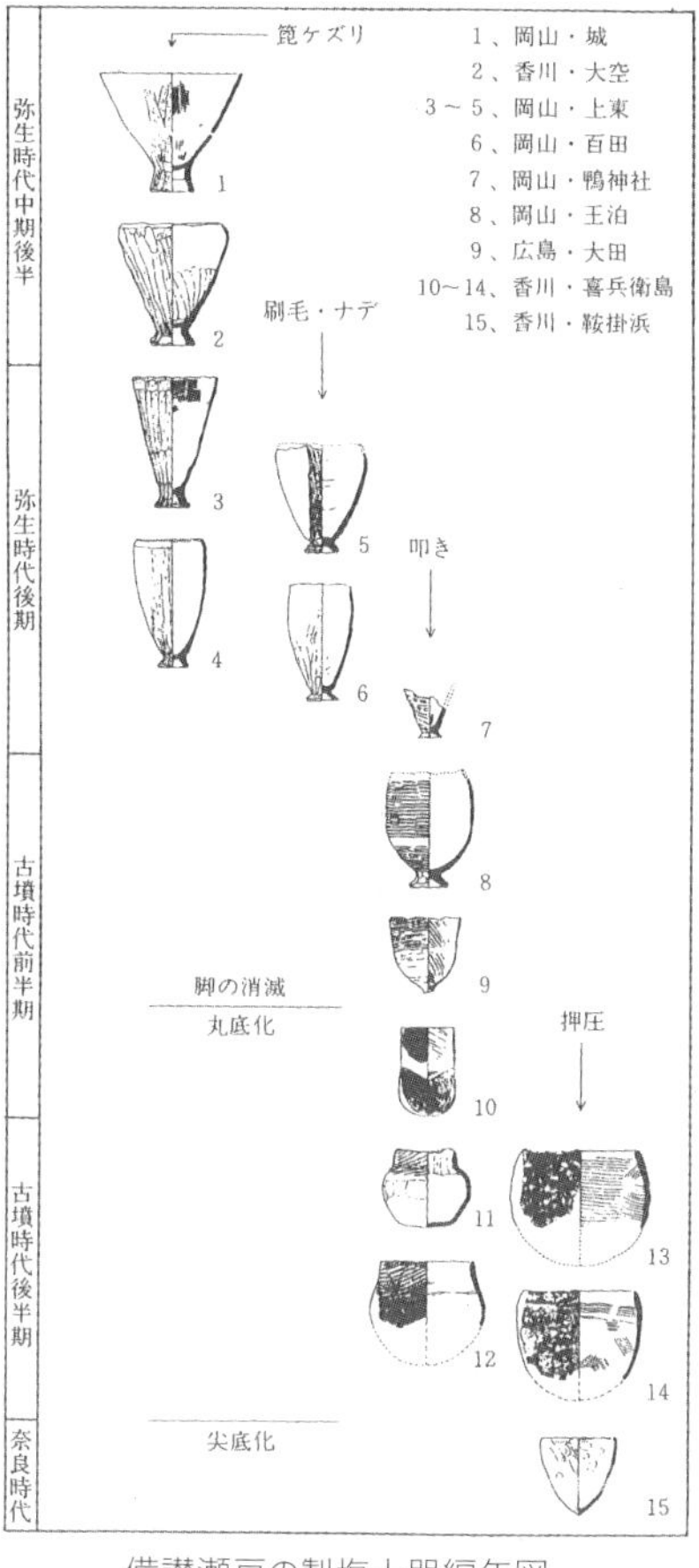

備讃瀬戸の製塩土器編年図
（柳瀬1987から引用）

阿津走出遺跡　倉敷市
上:製塩土器
下:60㎝を超える製塩土器の廃棄層
（岡山県古代吉備文化財センター提供）

なる。近くで採取できる原材料を使用し操業したものと考えられる。

では塩の生産はどうであろうか。

土器で塩を作る土器製塩は、縄文時代後・晩期の関東や東北地方で行われていたが弥生時代に入ると終了しており、東北の松島湾沿岸でも弥生時代中期には途絶えている。

関東・東北地方を除くと、西日本では他に先駆けて、備讃瀬戸で土器製塩が始まる。弥生時代中期中頃のことである。そして弥生時代後期後半には、その技術が東部瀬戸内から大阪湾岸や紀伊沿岸部まで広がっていく。なお、作られた塩は製塩土器に入れて運ばれたりもし、出土した製塩土器からどこの塩がもたらされたかを知ることができる。

しかし古墳時代前期中葉から中期前葉には、備讃瀬戸の土器製塩は衰退していき、一時空白の時期もみられるが、中期末から後期の初頭には小振りな埦形の製塩土器が出現する。この小埦タイプの製塩土器は、河内や紀伊の技術を受けて成立したものと考えられている（岩本・大久保2007）。その後、後期後半以降は一転して大形のボウル状製塩土器が大量に使用されるようになる。

塩が吉備の栄えた要因に挙げられることもあるが、実際に大量に塩作りが行われたのは大型のボウル状製塩土器が使用されるようになった6世紀後半以降である。倉敷市の阿津走出《あづはしりで》遺跡では、作業面16面と製塩炉のほか、使用された製塩土器片が大量に廃棄され、土器片だけが60㎝ほどの厚さで密に堆積し、調査区外まで延びていた。この頃の大量に生産された塩は、畿内など遠隔地にも搬出されている。

以上みてきたように、吉備で鉄生産が始まったのは6世紀後半で、塩の生産が盛んに行われたのも6世紀後半以降である。この頃は、倭政権の拠点となる屯倉《みやけ》が蘇我稲目《そがのいなめ》らによって、吉備に設置される頃である。児島の屯倉と白猪《しらい》の屯倉である。これらの鉄生産や塩生産に倭政権がどのようにかかわっていたかは不明であるが、考慮する必要はあると考える。

ともあれ、国内最大の楯築墳丘墓を築いた弥生時代後期、そして全国第4位・第10位の規模を誇る造山・作山古墳が造営された古墳時代の5世紀には、鉄素材そのものをつくる技術は伝来していなかったし、塩作りも遠隔地まで搬出するような大量生産は行っていない。

このようにみていくと、吉備の繁栄を支えたものは、鉄でも塩でもないと考えられる。

ではなにか？

吉備、特に岡山県南部は、災害が少なく肥沃な広い平野をもつことから、水稲耕作に適した地域で、豊かな実りがあったものと考えられる。このような豊かな実りを

百間川沢田遺跡（弥生時代後期末）の水田跡で田植えの再現
（岡山県古代吉備文化財センター提供）

背景に、弥生時代以降、吉備は栄え独自の文化を作っていったのではないだろうか。また、吉備は海上交通・陸上交通の要衝としての地の利をも活かし、外《と》つ国からの技術・文物をいち早く取り入れていることも繁栄の一因であろう。

では、そのような文物の対価として何が考えられるか。北條芳隆《ほうじょうよしたか》氏は、交換財にコメを想定している。穂首刈りをした稲束が唐古《からこ》鍵《かぎ》遺跡や大中野湖《だいなかのこ》南《みなみ》遺跡などから出土しており、この稲束を一つの単位としてこれらを集積したものが、交換物資になったと考えている（北條２０１９）。実際、古代には、田租《でんそ》のように、税などは稲束で納めており、コメが大きな役割を果たしていたことは否めない。

岡山市百間川《ひゃっけんがわ》遺跡群では、弥生時代の水田が広範囲に出土しており、調査区外にまで大きく広がるものと捉えられる。その当時、収穫期にはみられたであろう見渡す限りに広がる黄金の稲穂が、吉備の繁栄を支えた大きな要因の一つと想定されるのである。

引用・参考文献

岩本正二・大久保徹也２００７『備讃瀬戸の土器製塩』吉備人出版
宇垣匡雅１９８１「特殊器台形土器・特殊壺形土器に関する考古学的研究」『考古学研究』第27巻第4号
宇垣匡雅２０００「鋸歯文をもつ土器─吉備の農耕儀礼と葬送儀礼─」『考古学研究』第47巻第2号
岡山県古代吉備文化財センター編１９８９『百間川の遺跡群』
小畑弘己２０１１『東北アジア古民族植物学と縄文農耕』同成社

亀田修一２０２０「列島各地の渡来系文化・渡来人」『渡来系移住民　半島・大陸との往来』岩波書店
河内春人２０１８『倭の五王　王位継承と五世紀の東アジア』中公新書
近藤義郎・春成秀爾１９６７「埴輪の起源」『考古学研究』第13巻第3号
近藤義郎ほか１９９２『楯築弥生墳丘墓の研究』楯築刊行会
下澤公明２００１「下庄遺跡・上東遺跡」『岡山県埋蔵文化財発掘調査報告』157
中野雅美ほか１９８４「百間川原尾島遺跡２」『岡山県埋蔵文化財発掘調査報告』56
中村大介２０１７「楯築墳丘墓出土玉類の産地同定」『埼玉大学紀要（教養学部）』第53巻第1号
寺沢　薫２００２『６　祭りの変貌―銅鐸から特殊器台へ―』『銅鐸から描く弥生時代』学生社
高田浩司２００１「吉備における弥生時代中期の石器の生産と流通」『古代吉備』第23集
高橋　護１９８４「組帯文の展開と特殊器台」『岡山県立博物館研究報告』5
平井典子２００２「石製武器からみた弥生時代の吉備南部と畿内」『環瀬戸内海の考古学―平井勝氏追悼論文集』古代吉備研究会
平井典子２００７「弥生時代の農具」『瀬戸内における弥生時代の食と暮らし』ひろしま歴史フォーラム　資料集
平井典子２０１３「土器の文様と絵画・記号からみた弥生社会（予察）」『弥生時代政治社会構造論』雄山閣
平井典子２０１３「宮山墳丘墓は古墳か」『弥生研究の群像』大和弥生文化の会
平井典子２０１７「吉備南部における弥生後期土器の実相」『古代吉備』28
平井　勝１９９８「第4章論説　（5）被葬者について」『大谷1号墳』北房町埋蔵文化財発掘調査報告7
広瀬和雄２０１５『古墳入門』幻冬舎
北條芳隆２０１９「第14講　前方後円墳はなぜ巨大化したのか」『考古学談義』ちくま新書
山田幸弘ほか２０１９『石川流域遺跡群発掘調査報告書』XXXⅣ　藤井寺市教育委員会
柳瀬昭彦１９８７「23　土器製塩」『吉備の考古学』福武書店
岡山県南における各発掘調査報告書

コラム

もうひとつの古代——3世紀から7世紀の秦原

板野 忠司（秦《はだ》歴史遺産保存協議会会長）

『秦《はだ》』の地形と歴史

令和元（2019）年度に秦歴史遺産保存協議会が製作した古代吉備国ジオラマを見ると、この備中地域は高梁川で東西に分断され総社市街地も昔は高梁川の河川敷で、吉備津あたりは海に臨んでいた。現在では、西岸の秦地域は、東岸の桃太郎伝説や吉備路とはほぼ無縁だ。高梁川の存在は、古代吉備を分断し、秦は古代吉備国の文明とは、かけ離れた地域だったのか？

ところで、平安時代に編纂された『和名類聚抄』二十巻本に当地秦が『下道郡秦原郷』として記録されている。律令制下の国、郡、郷の名称を網羅する最も古い書物だ。その秦原の、現在でいうとサントピア岡山総社周辺で、最近60基を超える多数の古墳群が発見された。異様な古墳群の発見は、まるで古代からの挑戦状だ。当地秦では、毎年夏祭り『弓月フェスタ』を開催している。弓月とは、日本書紀や新選姓氏録では秦の始皇帝の13世孫の渡来人「融通王」だ。秦小学校の校

古代吉備国ジオラマ

章には弓月が採用され、旧秦村歌にも弓月の君が登場する。当地の「秦原」は渡来人秦氏と関係があったのか……秦原に、もうひとつの古代吉備があったのか？

一丁𡉕《いっちょうぐろ》古墳群の発見

平成22（2010）年、高梁川西岸のサントピア岡山総社の北側の、標高180ｍの尾根上で一丁𡉕1号墳が発見された。総社市教育委員会のトレンチ調査で、墳長約70ｍの4世紀初頭の前方後方墳と確認された。県南では最大級の前方後方墳で、吉備の古代史に影響を与える大発見だ。もともと一丁𡉕古墳は、吉備郡誌上巻（昭和12年発行）に一丁𡉕古墳列として掲載されていたが、場所は不明だった。調査の結果、竪穴式石室と推測され、葺石、埴輪が多数出土した。古代吉備の盟主を被葬した前方後方墳の存在意義、定説の後円墳と後方墳の上下関係の意外性、後方墳の外様的勢力などから吉備の勢力もひととうりではなかった可能性が示唆された。（岡山大学の松木武彦教授、新納泉教授）周辺で33基の古墳群も発見された。

茶臼嶽《ちゃうすだけ》古墳の発見の衝撃

平成25（2013）年9月、一丁𡉕古墳群のすぐ北側の荒平山《あらひらやま》茶臼嶽の標高192ｍの尾根で、秦歴史遺産保存協議会の地元役員が古墳発見を総社市に進言した。総社市教育委員会と岡山大学考古学研究室（新納泉教授）の共同調査で墳長55・4ｍの前方後方墳と確認され、出土した弥生式土器などから3世紀末の築造であることが判明した。3世紀といえ

一丁𡉕1号墳新聞記事（山陽新聞社提供）

ば、倭国は卑弥呼の時代で、大陸は魏蜀呉《ぎしょくご》の三国時代だ。広瀬和雄国立歴史民俗博物館名誉教授をはじめ、全国から古墳の専門家が視察に訪れた。岡山大学新納泉教授は、「茶臼嶽古墳と一丁𡋽古墳は連続した首長墓と考えられる。渡来系の特徴があり、先進技術を呼び込んでいたのだろう。被葬者は西日本でも目立った存在だったのでは」とコメントされた。

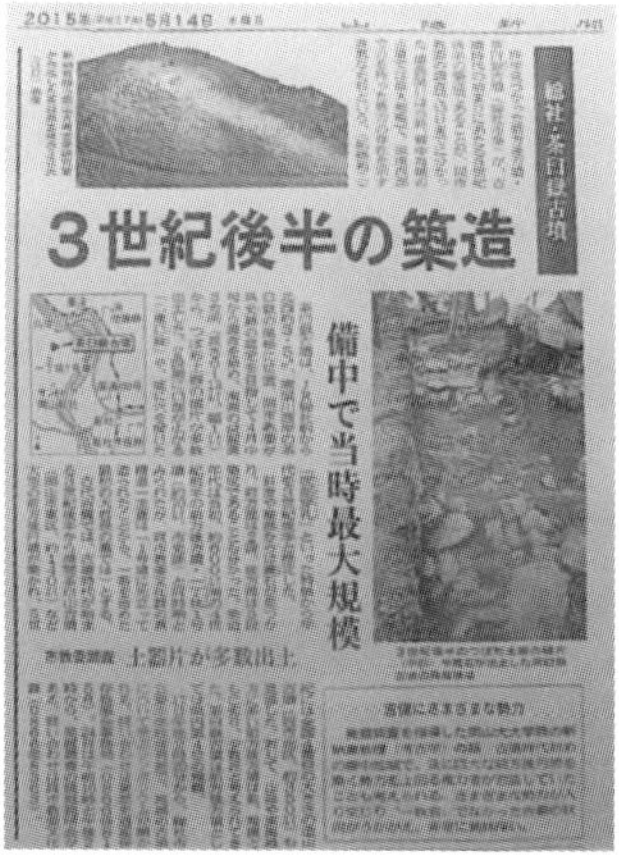

茶臼嶽古墳新聞記事
（山陽新聞社提供）

秦大𡋽《おおぐろ》古墳・上沼《かみぬま》古墳

二つの大規模古墳発見を契機に、以前から存在が確認されていた秦大𡋽古墳の総社市によるトレンチ調査が平成30（2018）年度から行われた。秦大𡋽古墳は、標高381mの正木山から東に派生する丘陵尾根の南端に位置し、金子古墳群（17基）の一角に属する。この古墳は、墳長約62・5mの前方後円墳で、前方部2段、後円部3段で築造されていることが明らかとなった。また、円筒埴輪、朝顔型埴輪、蓋型埴輪が出土し、4世紀後半築造と判明した。一丁𡋽古墳、茶臼嶽古墳と併せ、倉敷市矢部の楯築《たてつき》墳丘墓以降の3・4世紀の吉備古代史を埋める存在だ。

なお、大𡋽古墳の近くにある上沼古墳からは、三角縁四神獣鏡が出土しており、岡山県立博物館に寄託されている。

秦大𡋽古墳3D画像
（岡山大学新納泉教授提供）

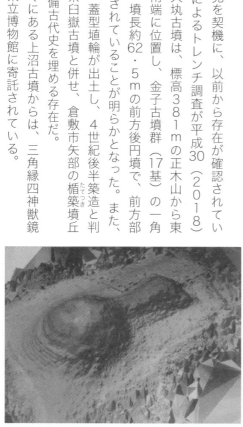

60基を超える秦古墳群とその真相？

　サントピア岡山総社の周辺には、金子古墳群17基、一丁𡌛古墳群38基、奥場西古墳群、奥場北古墳群など60基を超える古墳群が存在する。3世紀から7世紀までの多数の古墳には、一体だれが祀られているのか、3世紀以降の当地秦原で一体どんな勢力があったのか、大きな謎だ。古墳の話題は、さらに続く。

　まずは、唯一発掘済みの金子石塔塚古墳である。昭和58（1983）年から2年間、岡山理科大学において発掘調査が行われた。墳丘は南北26ｍ、東西20ｍ、高さ5ｍにわたる6世紀後半の円墳で、南東に開口する片袖式の横穴式石室だ。石棺の蓋は家形で井原市波形産出の貝殻石灰岩である。

　こうもり塚古墳、江崎古墳と形態、材質が類似している。須恵器、馬具、武器、金を施した冠等が出土し、被葬者は地位の高い者だ。

　次に、荒平山のふもとの秦原廃寺の上にある一丁𡌛15号墳である。この古墳は2段の石積みからなる15ｍ×13ｍの方墳で、5世紀築造の竪穴式石室を持つ。葺石、ヤリガンナ、管玉、小勾玉等が出土した。なお、一部に盗掘の跡がある。

　続いて風水古墳である。サントピア岡山総社から北北西に500ｍ、麻佐岐神社に向かう南斜面の見晴らしの良いところにある。一辺約5ｍの終末期（飛鳥時代7世紀末）古墳で、中国大陸から伝わっ

金子石塔塚古墳

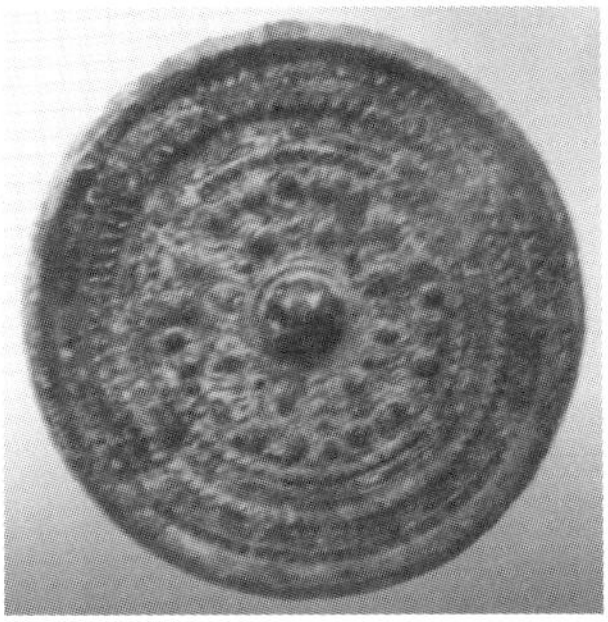

三角縁四神獣鏡
（秦歴史遺産保存協議会冊子より）

た風水思想を理解した上での築造だ。今後の調査が期待される。

秦氏と秦歴史遺産の謎

渡来人秦氏と秦歴史遺産との関係は、さらなるミステリーである。渡来人秦氏は、秦原にいたのか？秦原の秦氏の謎解明のカギともなる課題を列挙してみたい。

秦原廃寺は、昭和34（1959）年岡山県史跡に指定された中四国で最も古い飛鳥時代の寺跡である。仏教伝来が538年だが、古代吉備は物部氏の勢力が強く、大陸からの新しい仏教思想伝来に抵抗したとも推測される。物部氏滅亡後、中華思想に対抗する価値観が浮上し仏教を歓迎した欽明天皇と蘇我氏が当地秦原に寺を建立することに積極的になったのだろうか。それだけではあるまい。4世紀末には正木山で神祭が始まっており、倭国固有の神の信仰がありながらも、大陸の仏教思想を抵抗なく受け入れる客観的条件が中四国の中で先んじて秦原に整っていたのだ。大陸とのパイプを持った渡来人秦氏《はだし》の力が働いていたのではないのか。物的証拠として聖徳太子に仕えた秦氏の秦河勝が建立の広隆寺の瓦文様と秦原廃寺の瓦文様が酷似しているこ

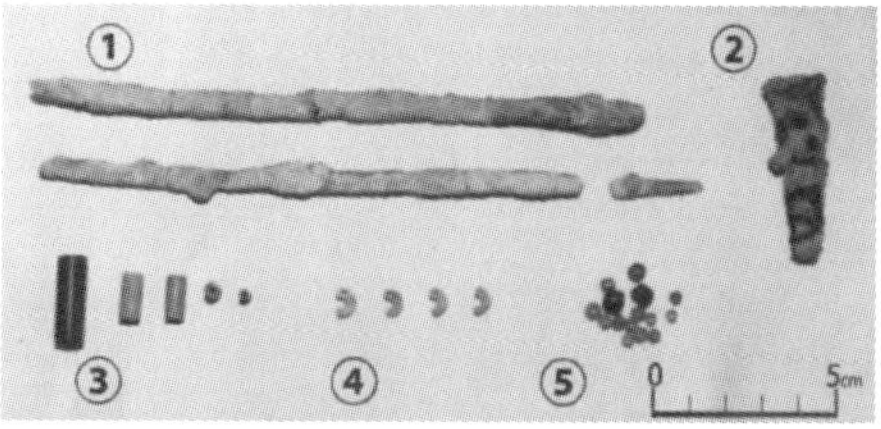

一丁圦15号古墳出土品
①鉇　②釘　③管玉　④小勾玉　⑤ガラス小玉

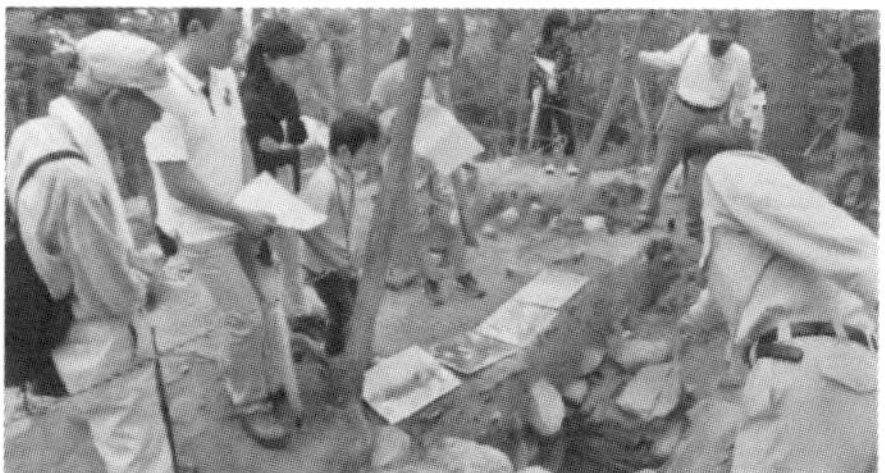
一丁圦15号古墳現地説明会

風水古墳

とが指摘される。単弁素弁八弁蓮華文軒丸瓦である。秦原廃寺は、秦氏の氏寺であったと考えて間違いないとの解説もある。（吉備の古代史辞典＝薬師寺慎一編著　吉備人出版）果たして秦氏との関係如何？

ところで平成29（２０１７）年度総社市において秦原廃寺の寺域と伽藍配置についての調査結果が報告された。秦原廃寺は、約1町四方に近い寺域を持ち、南門・中門・塔・金堂・講堂が南北に一直線に並ぶ四天王寺（５９３年聖徳太子建立）と同じ伽藍配置だ。これを受けて、秦歴史遺産保存協議会では、備前焼で秦原廃寺の伽藍配置を再現した。なお、すぐ北の秦天神社境内で秦原廃寺の瓦を焼いた窯跡が発見されている。

総社市福谷にある姫社神社の御祭神は、新羅の国から渡来してきた新羅の王子・天日予の妻『阿加流比売《あかるひめ》』である。女神を祀る神社は珍しいが、渡来人の製鉄の神を祀ること自体がさらに珍しい。技術集団である渡来人秦氏と符合する。新本川流域をはじめ周辺には製鉄の跡が多く、鉄滓《てっさい》が多数出土し、京都大学の上田正昭教授が姫社神社の調査研究をされた。なお姫社神社は、式内社となっていない。わが国が白村江で百済を支援し、敵に回した新羅の女神を祭るゆえか？

秦氏の氏寺とされる京都の松尾大社にも大杉谷頂上近くに磐座《いわくら》がある。秦にある麻佐岐《まさき》神社と石畳神社は、双方とも磐座が御神体である。とも

秦原廃寺瓦（秦歴史遺産保存協議会冊子より）

秦原廃寺備前焼

に古代から存在する式内社となっており、秦の史跡見学をいただいた有識者からも磐座と秦氏は深い関係があると強く示唆された。

　麻佐岐神社の鎮座地は正木山と称し、本殿はなく、拝殿が存在する。御祭神は備中誌には天照大神、『吉備郡神社誌』には大国魂神《おおくにぬしのみこと》（大国主命）とある。二神は異常で奇妙だ。神話では天照大神は弟素戔嗚尊《すさのお》の狼藉に怒り、彼女は天岩戸に隠れ後に高天原を治めた皇室の先祖で、11代垂仁天皇のときに伊勢神宮に鎮座した。一方天照大神を怒らせた素戔嗚尊《すさのお》は葦原中津国《あしはらなかつこく》（地上）へ追放されるが大蛇《おろち》を退治、その素戔嗚尊《すさのお》の6世子孫が大国主命で、天照大神の使者に敗れて出雲大社に祀られた。果たして麻佐岐神社は、伊勢派なのか、出雲派なのか。なお、岡山藩主池田継政侯は、麻佐岐神社を雨乞いの祈願所とし、自筆の五穀成就祈願の守箱が現存する。この神社も秦氏と関係あるのか？

　石畳神社のご神体は高さ60ｍの大岩塊で、御祭神は経津主神とされている。『万葉集』にも「石畳み　さかしき山と知りながら　我は恋しく友ならなくに」と詠われている。昭和22（1947）年賛否両論の中、御神体の磐座に福谷に通じるトンネルを開通させ拝殿も移転した。この磐座と秦氏の関係は？

　高梁川を秦と井尻野でせき止める湛井十二ヶ郷用水堰は、平安末期に平家の武将妹尾兼康によって大改修された。この井堰は松の木の丸太で底枠

姫社神社

麻佐岐神社

を造り川石を上に詰めていく方式で、この技術は京都嵐山で秦氏が桂川に築いた土木技術と同じという。「最初に湛井堰を築いたのは、高梁川西岸の秦に住んでいた秦氏と考えられる。」（薬師寺慎一編著『吉備の古代史辞典』）との解説もあるが如何？

秦八幡神社は、現在は秦字上沼1616番地に鎮座する。三角縁四神獣鏡の出土した秦上沼古墳付近の野呂の地（元八幡）に1500年ごろ建立された。多数の古墳群が集積し、隣地には神宮寺跡もあった。『修験道』の古川寺と分離された元禄年間（1688～1704）に、300m下の現在の地に移転した。九州の宇佐八幡宮は、秦氏が創建した全国の八幡神社の代表的存在だ。後世だが秦原の中心的位置に秦氏の八幡神社が建立されたのではないだろうか。『もうひとつの古代秦原』の謎解きは、歴史学者及び秦歴史遺産保存協議会会員（321人）の注目の的であり、大きな課題である。（写真は、山陽新聞切り抜き及び当協議会発行の冊子から引用した。）

昭和27年ごろの湛井堰

石畳神社

第二章　日本人と赤米

佐藤洋一郎（京都府立大学文学部特別専任教授）

はじめに

米の品種群の中でも、赤米ほど人間社会に翻弄されたものもない。赤米に対する評価は、ある時代には肯定的であったのに次の時代には排除されるというふうに、時代によってころころ変わった。また同時代でも、地域や階層により赤米の評価が大きく異なったりすることもあった。それでも、赤米は、どの時代にあっても日本社会の米文化に大きな役割を果たしてきたといってよい。

ここでは、赤米について述べることから始めよう。赤米とは、玄米表面に赤褐色の色がついた米をいう。赤の色素は玄米の表面にだけつく。それなので、精白すると赤い色は取れ、非赤米と同じような白っぽい色調の胚乳があらわれる。ときどき、「胚乳の中まで赤い米をみた」との話を聞くが、私自身、そのような米をみたことはない。赤の色調は品種や栽培環境によって異なり、一定した色はない。赤米でない米は、赤の対語としての白の語を使い白米としたいところではあるが、白米には玄米の対語としての意味もあって混乱を生ずる。加えて、非赤米の玄米の色は「白」というよりはむしろ「飴色」である。玄米の「玄」の字は黒の意味であるから、この点でも赤米ではない米を「白米」と呼ぶのは適当ではない。赤米でない米を表現する語はない。そこでここでも非赤米とか、赤米でない米、などという言い方をすることにしたい。

赤米の基礎知識

赤米のおこり

赤米はどこからきたのか。じつは、米（植物学的にはイネ）の原種はほとんど例外なく赤米である。つまり、米はその祖先（野生イネ）の時代から赤米だったのである。遺伝学的には、赤米の起源を探るのでなく、むしろ非赤米の起源を探るのがよい、ということになる。そして非赤米の起源はあきらかに、野生イネからわたしたちのイネへの栽培化の過程でおきたことである。いな、赤米→非赤米という変化は栽培化の過程の一部をなすといったほうがよい。

メンデル遺伝学では、赤米と非赤米の違いは、Rd、Rcという二つの遺伝子座の遺伝子の組み合わせで生じる。それぞれの遺伝子座には、優性遺伝子（RdやRc）と劣性遺伝子（rcやrd）のどちらかが乗る。赤米は二つの遺伝子座の双方に優性遺伝子（Rd、Rc）が乗る場合に限って生じる。Rc遺伝子座だけに優性遺伝子（Rc遺伝子）が乗る場合は、褐片米とか褐斑米と呼ばれるものになる。Rd遺伝子座だけに優性遺伝子が乗る場合と両方の遺伝子座に優性遺伝子が乗らない場合（つまり劣性遺伝子が乗る場合。rd遺伝子とrc遺伝子が乗る場合、ともいう）は、非赤米となる（図1）。

近年はDNA分析が進み、Rc遺伝子座の遺伝子のDNA配列がわかっている。これによると、Rc↓rcという突然変異はRcにはあってrcにはない一四個の塩基の存在が認められた。現時点では、非赤米の品種の塩基配列をみても、この部分の欠失が共通的に認められるものの、それ以外の部分に共通する変異は認められない。ということは、非赤米はこの突然

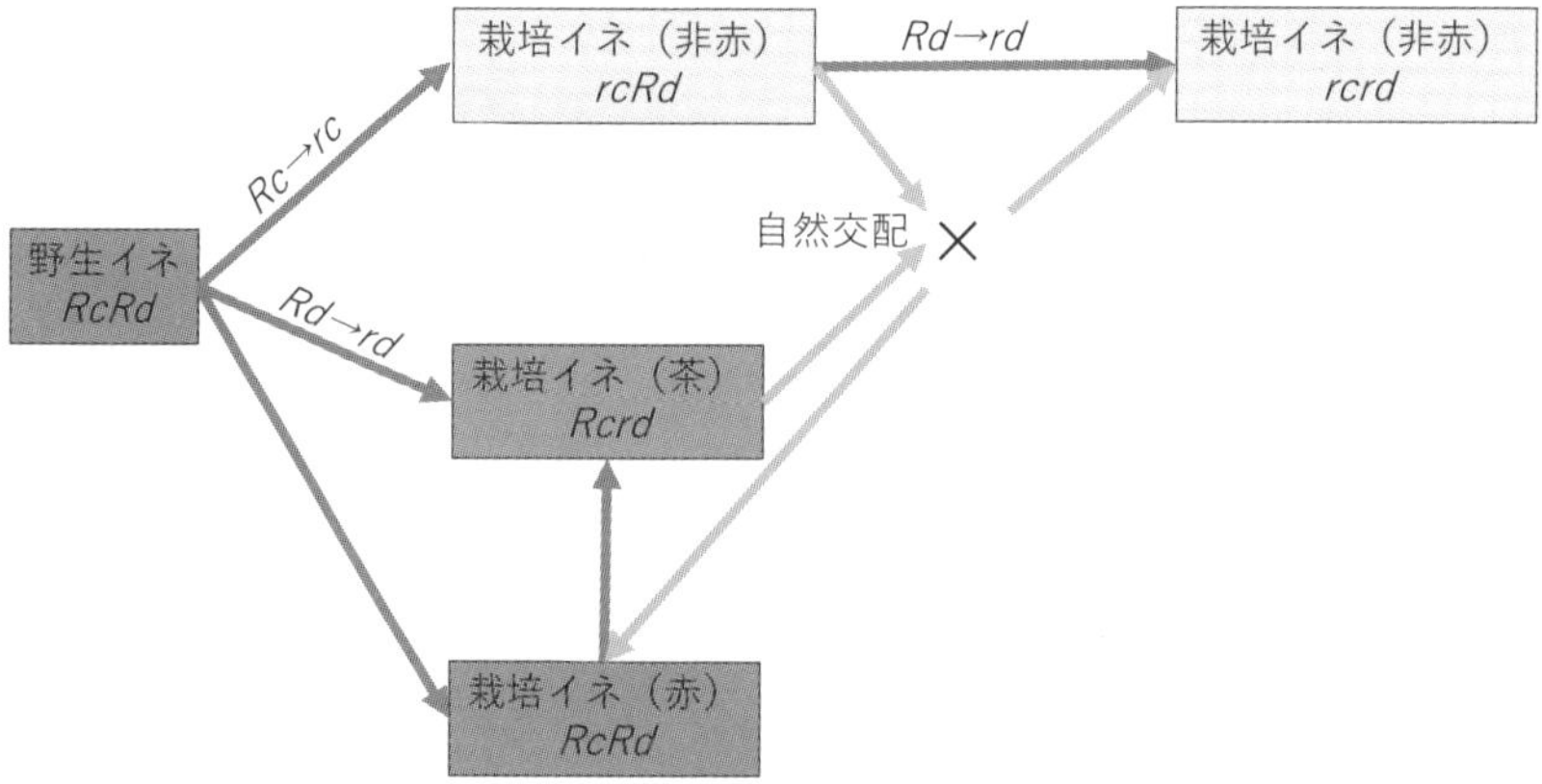

図1．赤米から非赤米への進化系統樹

変異が起きたことで生じたもので、かつその突然変異が唯一、今に残る非赤米の遺伝子だということになる。言葉を換えれば、いま私たちが当たり前に思っている非赤米の起源はひとつだったかもしれないということである。

かつて、赤米は栽培される田の土壌によるという「俗説」があった。しかし、以上の説明のとおり、赤米が栽培環境によってきまる形質ではないことはあきらかである。

奈良時代の記録から

わたしには古文書を読み解く力がない。そこで、この力を持つ研究者の研究成果に基づく話しかできない。そのことは最初にお断りしておく。

そのうえで話を進めるが、この時代の文書は、そのほとんどが役所が残した記録であり、おおきくは公文書と地方から善として納められた物資にラベルとして添付された木札である「種子札」のようなものである。近年、種子札の発見が増えるにつれてこれまでは知られていなかった事実が次々明らかになりつつある。

赤米の記録が最初に登場するのは奈良時代の種子札で、「赤米」の字がはっきりと見えるという。種子札にはその産地が見られ丹後、丹波などという。また、奈良県・平城宮跡から出土した木簡のなかに、丹後の国の役人が赤米を貢進したとの記録があるという。貢進の先は酒造をつかさどる役所であったようで、赤米は酒造用に造られていたのかもしれない。

「赤米」と記された、こうした記録があったということは、この時代の米の主力は非赤米で、赤米は特殊なものであったことを示唆する。だからこそ「赤米」という記録が残ったのであろう。「古代米は赤米」との言説が広く流布しているが、もし「古代米」が日本の古代以前に栽培されていた米であるとするなら、この言説は誤りである。このことが、「赤米」の種子札によって明確に示されている。

ところでこの時代の米は、舂米《しょうまい》と呼ばれる形態で取引、運搬されていたようだ。これは、当時の道具に照らして考えれば、籾を直接臼と杵で兢いた米と解される。これは玄米とは明らかに異なる。というのは、実際に臼と杵とで籾を搗いてみると、籾摺り（つまり、もみ殻を外して玄米にする作業）と精白（玄米を白米にする作業）とが並行して進む。もし、舂米が白米に近い米であったなら、米の表面の色は非赤米のそれと区別がつかなくなる。「赤米」の種子札は、区別のためにつけられたものであったのかもしれない。

大唐米の文化

大唐米現る

古代の末頃、日本列島にはそれまでにはなかった新しい種類の米が伝わっている。九世紀かおそくとも10世紀のことであろうか。それが日本列島の西半分の地域に広まった「大唐米」である。

ただし文献上の初出は、応永年間（1394～1428）、「東寺百合文書」中の算用状である（盛永、『稲の日本史』、99ページ）。わずかに現存する大唐米のDNA解析などから、それらの多くはインディカであると考えられる。もともと干ばつに強い性質を持っていたようで、水漏れのする田など、新田として開かれた田や、あまり環境のよくない田にもよく適応したとされる。

米質からいうと、大唐米は玄米の表面がかっ色を呈する赤米のものが多く、かつ粒が細長かった。アミロース含量が高く、ぱさぱさの質感をもつ。炊くときの吸水性がよく、貧しい人びとの中にはこれを志向する面があった。この時代の庶民の間では、通常の米より高値で取引されることもあったようだ。

大唐米の名前の由来ははっきりしないが、ここでの「大唐」は中国の唐代を意味するものというよりは、いまの「大中国」くらいの意味であろう。「唐天竺」という語があるが、この語の意味は「極めて遠いところ」の意味で、もともとは唐（から。中国のこと）と天竺（てんじく。インドのこと）という意味である。

大唐米を日本に持ち込んだのは中国の仏教寺院で、仏教を学んでいた留学僧であった。おそらくは仏教の教義や経典とともに、さまざまな文化、技術を学んだに違いない。そして、帰りにさまざまな文化や「モノ」を持ち帰った。その中には、豆腐、麩、醤油、ゴマ油などの食品、それも後の時代に精進料理の素となった食材が含まれていた。そしてその中には米が含まれていた。その米が「大唐米」であったと考えることができよう。

大唐米もそのようにして持ち込まれた米のひとつだったのだろう。唐から僧によってもちこまれた米。おそらくはそういう意味なのだろう。大唐米には、「唐法師」の別名がある。「からほうし」「とうぼうし」などと読む。「からほうし」のほうが意味はとりやすいが、これでは「湯桶読み」である。「とうぼうし」、が、よいのかもしれない。そして、「とうぼうし」が、なまって「とうぼし」となったようだ。これがさらになまって、「トボシ」と転じたのだろうと盛永は考えている。さらに嵐は、「とうぼし」は「乏し」ではないかとも言っている。

大唐米のもとは何だろう。その原産国である中国では、それはどのように認識されていたのだろうか。大唐米のもととなった品種群は、一一世紀に中国・南宋の皇帝が今のベトナム（占城）から導入されたインディカ型の早生の品種であるようだ。中国南部ではインディカの米が作られるが、その少なくとも一部はこれに由来するのだろう。インディカの系統は、日長反応性について、ないものからごく強いものまで、多様なものがある。日長反応の強い品種は日本で栽培すると、出穂《しゅっすい》（＝穂が出ること）や開花が起きない。日本列島の緯度では、夏の日長時間はこれらの品種が出穂、開花するには長すぎる。

いっぽう、日長反応性を持たない品種は、その品種固有の日数（これを基本栄養成長期間という）が経過すれば、穂を出し花を咲かせる。基本栄養成長期間が短いと早生となるが、大唐米はこれに該当する。

米の味はどう決まるか

大唐米の栽培上の特性はいま述べたとおりであるが、米としての大唐米は、日本国内にあったそれまでの米とはまったく違っていた。ややくりかえしめくが、大唐米は、米としてみた場合、明らかに粘りを欠いた食感を持つ。粒食する場合、粉食する場合とは異なり、粒としての食感が大きく表れる。粉食する場合には異なる品種の粉を混ぜることもできるが（品種ばかりか、異なる種の粉を混ぜることも普通に行われている）、粒食ではそうはゆかない。

粒食では、胚乳の性格が強く表れる。米の胚乳の主成分はむろんでんぷんであるが、でんぷんは、アミロペクチン、アミロースという二種類があり、食感の違いは主にその構成比によっている。どちらもブドウ糖が鎖状につながった構造をもつが、アミロースは「直鎖構造」といって、多数のブドウ糖分子が一本の鎖のようにつながった構造を持つ（α—1、4グリコシド結合）。直鎖とはいうものの、ブドウ糖分子の構造上の制約から、アミロース分子はコイル状の構造をとる。いっぽうアミロペクチンは、「竹の箒」のような構造を持つ。アミロペクチンの分子は、アミロースの分子を軸として、ところどころのブドウ糖分子が枝分かれ構造をとったものになっている（α—1、6グリコシド結合）。つまりこの「ところどころのブドウ糖分子」は、前後三つのブドウ糖分子とつながっている（図2）。

こうした性格を反映して、アミロースとアミロペクチンには口にしたときの感覚—食感に大きな違いがある。アミロースは、食べた時にパサついた感覚を与えるが、アミロペクチンは、ねばついた感覚を与える。それなので、アミロースの含量の高い米はパサついた食感を与え、反対にアミロースの含量の低い米はねばついた食感を与える。アミロース含量がゼロの米が糯《もち》米である。糯米がねばるのはそのためである。

じつは、世界の米を調べてみると、アミロースの含量はゼロから三〇パーセントほどの変異を示す。アミロース含量ゼロの米は、きわめて粘りの強いもち米になる。日本で今手に入れられる「普通の米」では、アミロースの含量は一五パーセント程度となる。大唐米は、普通の米に比してこの値がさらに高いと考えられている。

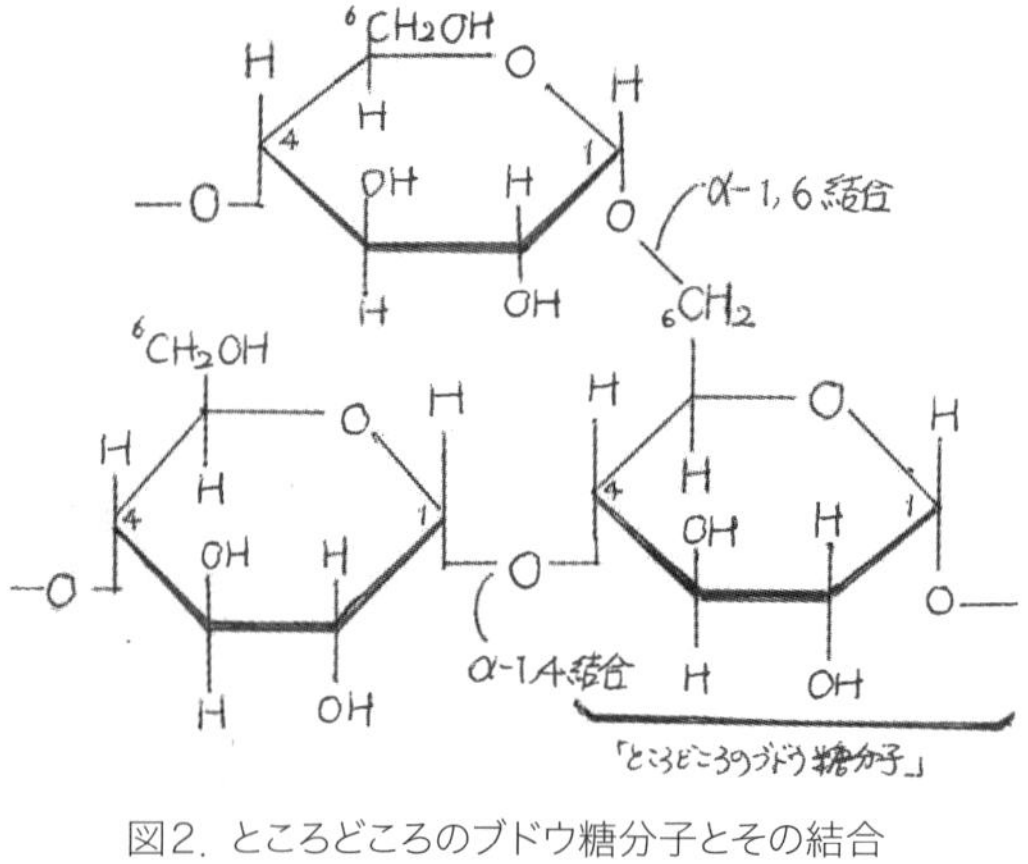

図2. ところどころのブドウ糖分子とその結合

米としての大唐米

これまでの説明からもお分かりいただけたかと思うが、大唐米は粘りが弱く、おにぎりにしにくい種類の米であった。米の粘り気は、調理法にも関係している。大唐米など粘り気の弱い米は、茹でるか、多めの水で炊く料理法によくあう。日本の今の米は、炊飯、つまり密閉容器に米と等量、または米の一、二割増しの水を加えて加熱する方法に適応している。炊飯法では、米粒に熱がまんべんなく回った時に水がなくなるように工夫されている。そしてもち米は、むろん炊飯も可能ではあるが、蒸す方法が使われる。

水を多くして炊くと、米は炊き増えする。つまり同じ重さの米でも、できあがりのかさが増す。食べた瞬間は、満腹感が得られる。ただし増えたのは水の分だから、すぐに腹が減る。腹もちしないのである。大唐米もそうであったようだ。社会の下層にいる人びとは、大唐米を手に入れては多めの水で炊飯し、一時の満足を得ていた。そのようなことがあったので、大唐米は一般の米に比べて価格が低めだったようだ。

これまで、大唐米が日本人の米食や食生活に与えた影響は小さいと考えられてきた。しかし、よく見直してみると、大唐米はある時期、西日本とくに九州では相当に広まり、多くの人とくに地方の農民には普通に食されていたように思われる。そればかりか、大唐米が年貢米にも使われていた。嵐嘉一によると、大坂市場に送られた肥前の蔵米の二割が「長粒米」であったということの長粒米は、大唐米ではなかったかと考えられる。

大唐米の過小評価の背景にはインディカ米に対する偏見があるように思われる。喜ばしいことにこの偏見は最近ではだいぶ影を潜めている。とくに二一世紀にはいると仕事や観光で東南アジアを訪れる人が増え、その食文化に対する理解が進んだことで、インディカの米への理解もすすんだ。エスニック料理という語が生まれ、日本国内でそれに接する機会も増えた。

しかし、それまでの時代はそうではなかった。１９９３年、日本は大きな冷害の被害に見舞われた。東北地方では、翌年の種もみの調達にも困るほど、生産が落ち込んだ。国は、タイから一時的に米の輸入を決めた。やってきた米はタイ米、もちろんインディカに属する米である。ところが日本社会はこの米を「拒絶」した。「ぱさぱさしてうまくない」「硬い」「米粒が細長くて違和感がある」――こうした理由が消費者から上がった。

日本社会のこの「拒絶」はタイにも伝わった。わたしのタイ人の知人の中には、まだこのことを覚えている人もいて、チクリと嫌味を言われることもある。「日本が困っているというので、鉋掛けするようにして少しずつ集めた米を送るなど苦労してきたのに、日本社会はその米に『ノー』と言った」というわけだ。

日本社会のインディカへの偏見はいまだに根深い。この根深さが、赤米に対する日本社会の二面性に強く関係しているように思われる。

大唐米の食べかた

大唐米はどのように食べられたのだろうか。詳しい記録があるわけではないが、ヒエ、アワなど他の穀類を米と混ぜて食べるのを常としていた農村部では、大唐米は新たな穀類とみなされていたのかもしれない。あるいは、「糧めし」のような、米と他のものを混ぜる「飯」があったのだろう。都市部でも大唐米はそれとして受け入れられていたようなので、社会は多様な米、多様な穀類の存在に今よりはるかに寛容だったのかもしれない。調理の方法も、今に比べるとずっと多様だったようだ。

この時代、人びとはどのように米を調理していたのだろうか。これについて伊藤信博氏はさまざまな文書の記録から「強飯」「炊飯《かしきかて》」「姫飯《ひめいい》」など一〇種類以上をあげている。米の調理法は今でも、蒸す、炊く、茹でる、煮る、かゆにするなどの方法があるが、それをはるかにしのぐ種類の方法があったのは、米の種類も多かったからと思われる。姫飯は今の湯取り法にあたるようだ。東南アジアでアミロース含量の高い米に適用する、ねばねば成分を取り除く炊飯法である。粘りを好む、あるいは生かす調理には合わないかも知れない。大唐米には合う調理法だったとも思われる。

他にもさまざまな調理法があった。その一つがパーボイルという方法である。インドなど南アジアの一部では、未熟の穂を刈り取り、籾のまま茹でてから籾摺りする。できた米は保存食として扱われてきた。これを粥にして食べるとほのかに甘いという。

日本列島にもパーボイル法があったことを示唆する史料や民俗事例がある。史料としては、たとえば土屋又三郎の『農業図絵』を挙げておこう。これには大唐米の栽培、収穫に関する絵がいくつかある。その中に、収穫した大唐米を庭先で干しているようすが描かれたものがある。絵には、母屋の屋根の煙突から煙が出る光景が描かれており、たぶん穂（あるいは籾）を茹でるための湯を沸かしているのではないかと考えられる（図３）。

パーボイルにはいくつかの利点がある。ひとつは、加熱することで米につく害虫を除去できる点である。また未熟の状態の米を収穫することで、成熟後の種子が穂から外れる脱粒《だつりゅう》と呼ばれる現象によるロスを回避できるのもおおきな理由であろう。脱粒性がおおきいと、せっかく実った種子が田に落ちてしまう。すると、収量が大幅に減少するばかりか、落ちた種子が勝手に発芽し、まるで雑草のように生えてくる。

大唐米には脱粒しやすい系統が多く、完熟前に収穫することで脱粒が抑えられるメリットがある。

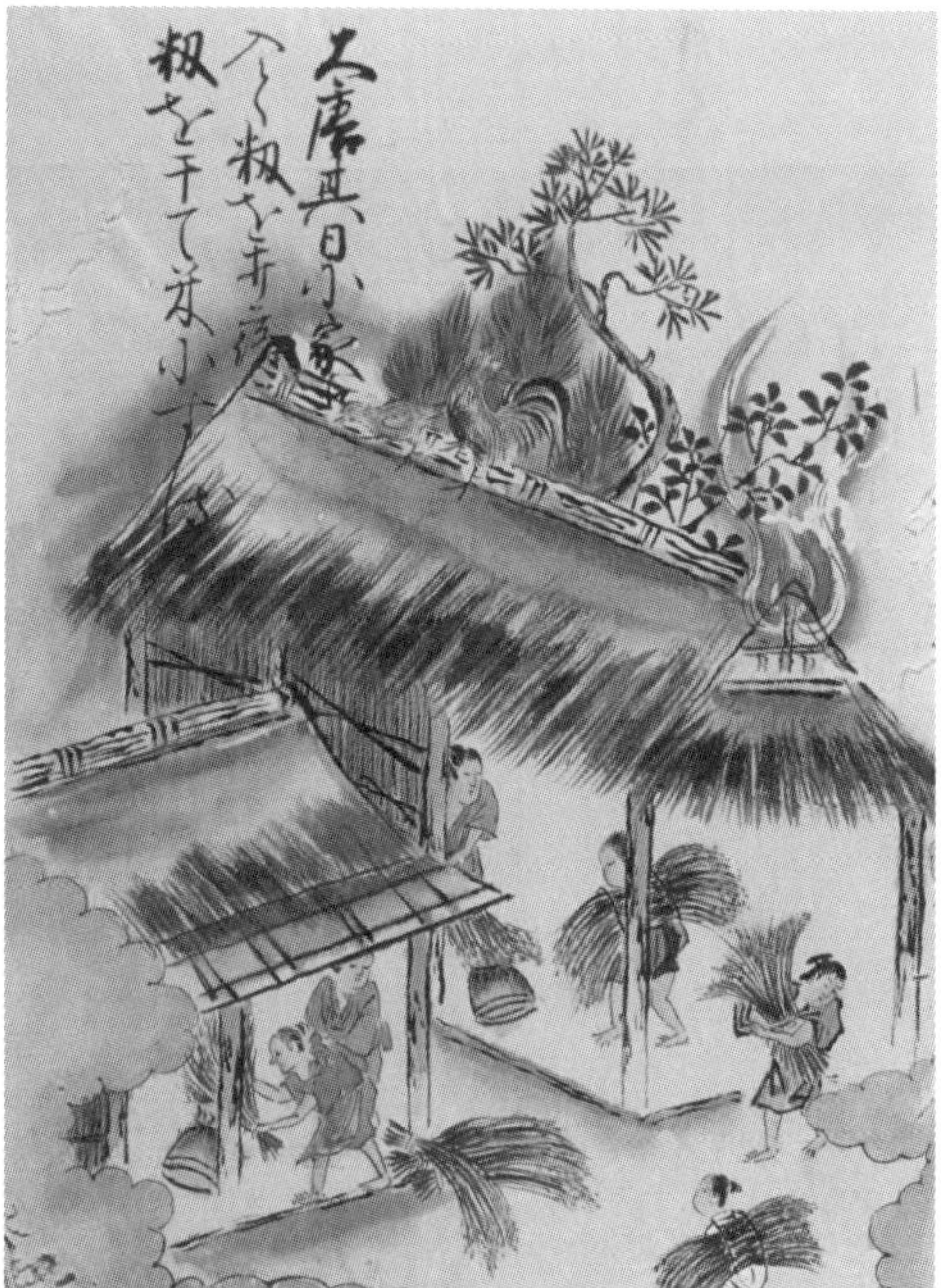

図3．大唐米収穫の様子
（土屋又三郎『農業図絵』農文協より）

赤米への評価―その二面性

赤と白

米は白いことをもって尊ばれる。とくに中世以降、在来の原始的な宗教と習合して生じたと考えられる修験道などを巻き込みながら成立してきた神道では、白は特別の意味を持つ。「神饌」のうちでもっとも重要とされる「米」「酒」「餅」の三者は、白であることで尊ばれる。

白には、「明白」「潔白」「白無垢」などの語にあらわれるように、清い、汚れがない、などの意味がある。むろんここでの「白」は、色名である「ホワイト」とはニュアンスを異にする。米粒も餅も、白とはいってもやや黄色味を帯びた白である。酒も、無色透明ではない。米も酒も餅も、白の代名詞である。

白米の白は、「粲」の字で表されることがある。この字は「陽が燦燦と照る」の「燦」のつくりの部分で、『漢辞海（第四版）』によれば「より丁寧に精製された白米」の意味を持つ。白米の対語は現代では「玄米《げんまい》」であるが、玄の字は「くろ」を意味する。玄人（くろうと）という所以である。

赤米

いっぽう白の対語は黒であるが、黒には、「暗黒」、犯人という意味での「クロ」、「腹黒」のように、悪い、汚れている、などの意味をもって使われる。こちらもまた、ブラックとは多少ニュアンスを異にする。

赤も、紅白饅頭、紅白幕など紅白ものに使われることからもわかるように、縁起のよい色とかんがえられてきた。紅白についていえば、金沢市付近の鏡餅は紅白になっている。ワインには赤、白の二種類があるが、祝宴の席などでは両方を出すことが多い。それにあやかってか、和食のコースにも清酒（白）のほか、赤い酒を出すところまで現れた。それに、赤米通の間ではよく知られるように、日本には赤米を神饌に用いている神社が今も知られる(※)。それほどまでに赤は吉兆の色なのだ。それなのに、米については、あれほど白が尊ばれるのに、赤は忌み嫌われてきた。それはいったどうしてだろうか。

ただし赤米が嫌われるかどうか、あるいは嫌われるとしてその程度は、国によってさまざまに異なる。たとえばヒマラヤ南麓の小国ブータンでは、少なくとも1990年代ころまでは赤米が普通に食されていた。ちょうどこのころ、国際稲研究所などから新たな多収品種が持ち込まれたが、国民は赤米のほうが旨いといって赤米を手放さなかった。

※　岡山県総社市新本の国司神社、長崎県厳原市の多久頭魂神社、鹿児島県熊毛郡南種子町の豊満神社。

赤米が忌み嫌われるようになったとき

赤米がはっきりと排除の対象になったのは明治時代以降のことである。明治維新直後、米の品質は全国的に急激に劣化した。それまで、米は各藩で徴収された年貢米が江戸や大坂など都市の米市場にもちこまれていた。藩はそれを換金して収入にした。藩にとって、現金収入を増そうと思えば、米の量を増やすか、さもなければ米の品質を高めて単価を上げるかのどちらかだった。そこでどの藩も、高品質の米を供出させ、そうでない米は村に残すように強いたのだ。年貢が農民に重くのしかかっていたことはよく知られているが、単に量の面だけでなく、よいところを年貢にとられるという、二重の苦しみだったわけだ。

明治維新はこの幕藩体制を破壊した。それによって米の集荷システムもまた崩壊したのである。市場には、それまで農村に止めておかれた低品質の米がどっと繰り出した。対策に乗り出したのは各県であった。米の品質の向上と規格化が図られた。国もようやく重い腰を上げる。国のレベルで農業技術の向上を目指して作られた「大日本農會」の会報である「大日本農會報」には、米の品質の向上、規格化のための記事が繰り返し掲載されている。

このとき作られた指針は今なお生き残っている。「米国検査」にいう米の等級がそれで、その基準は、「被害粒」「死米」「着色粒」「異種穀粒および異物」の割合である。ここで「被害粒」とは、たとえば害虫に食われて変色した米などをいう。カメムシに食われてその部分が黒く変色したものなどがそれにあたる。死米とは登熟の途中で、何らかの理由で登熟が止まってしまった米、そして異種穀類とは、ムギなど他の穀類の種子のことである。当然、これらに割合が低いことが等級が高い米の条件である。そしてこのなかにある「着色粒」が、赤米に相当する。赤米は、この基準にのっとって排除の対象となった。このときから、赤米は、米穀流通の制度からはじき出されることになった。

雑草イネ

稲作農家はどうみていたのだろうか。米の等級の判定基準に「着色米」という基準があるのは、当時、普通の米の生産物の中に相当量の赤米が混入することはよくあることだったからといわれる。ただ、農家の中には、赤米も精米すれば白くなるから、それほど大きな支障にはならないと捉えるむきもあったといわれる。それなので、自家飯米には赤米の存在は許容されていたともいえる。

しかし、米は多くは玄米で流通する。米国検査上の観点から言うと、有色米の混入は由々しきことで、農家としてはなんとかその混入を食い止めたい。しかるに、赤米の混入経路は主として雑草化した赤米であった。雑草化した赤米と言うが、そもそも米が雑草とはどういうことか。

雑草の語は「最近は雑草ばかりが目について抜くのが大変」「雑草のようにたくましい」というように使われる。この場合の「雑草」は、特定の植物種を意味するものではなく、ましてや明確な定義があるわけではない。

いっぽうこの語は明確な定義も与えられた専門用語でもある。「雑草学会」という学会もあるくらいである。雑草とは、「人間の生産の場である耕地に入り込み、作物の生育を邪魔する、または収穫の妨げとなる植物」をいう。専門用語ではあるが、雑草の語は生物学の用語ではない。雑草であるか否かは、あくまで、人にとって有害か有益かで決まる。この関係は、同じ微生物でありながら、その働きが人間によって有益なものは発酵と呼ばれ、有害なものは腐敗と呼ばれるのとよく似ている。

雑草イネとは、同じイネでありながら、そこに栽培される品種の生育や収穫の妨げになるイネである。雑草であるから、人の意向にかかわらず自分で芽を出し、育ち、種子を実らせてその種子を田面に落とす。雑草イネの種子が、ある季節に一斉に発芽するなら、その発芽を待って一網打尽にすることもできる。ところが、雑草イネの種子は「休眠性」といって、春になって発芽の条件が整っても発芽しない性質を持つ。休眠性をもつことで、絶滅を回避しているとも考えられる。

熟した種子が母体を離れる「脱粒性《だつりゅうせい》」も重要な性質である。このおかげで、生み出された種子は母体を離れ、遠くまで拡散できる。脱粒性と休眠性とはセットになって雑草を雑草たらしめている。

赤米が雑草イネとなったわけ

雑草イネはしばしば赤米であった。では、なぜ、赤米は雑草イネになったのか。赤米はことごとく雑草イネであったのか。遺伝学的には、赤米であることと雑草イネであることとは同義ではない。つまり、Rc遺伝子に、雑草化の作用は認められない。つまり、赤米のすべてが雑草イネになったのではない。

ならばなぜか。おそらくその秘密は、赤米の一部が大唐米であったことにある。先にも書いたように、大唐米はインディカに属する。そして大唐米にはそもそも脱粒しやすい特性があった。脱粒すれば、その種子は翌春に勝手に発芽し、通常のイネに混ざって生育し、収穫物に混ざる可能性があった。

通常の品種と自然交配を起こした場合、その後代には「先祖返り」の現象が認められる。先祖とは野生イネのこと。そして雑草イネには野生イネに似た性質がある。野生であるから、人の手を借りずとも生きてゆくことができる。しかしこの性質は人にとっては迷惑この上ない。

長野県一帯に認められた「トウコン」は、明らかにこの雑草イネの性質を持っていた。雑草イネゆえに、いったんトウコンが侵入すると、あとの始末は大変だった。休眠性のゆえに、何年たってもトウコンの苗が勝手に生えてくる。田植えする水田ならばともかく、畑で栽培する陸稲の場合は手に負えなかったといわれる。水田でも、事情はそれほど変わらなかった。雑草とはいえイネであるから、見かけで区別して除草するのは困難である。油断するといつの間にか開花し、種子を実らせ、脱粒して種子を田に落としてしまう。除草剤を使うこともできない。何しろイネなのだ。雑草イネに効く除草剤は普通のイネにも作用し害を及ぼすのである。

雑草イネ化した赤米が稲作農家に被害を及ぼした例は他にもあった。個人的な体験であるが、私は、若かったころに在籍していた大学の水田で、インディカとジャポニカの雑種を栽培したことがあった。後代の中には先祖帰りをおこし、多量の種子が田に落ちることもあった。後に、その水田では雑草イネのようなイネが出現し、駆除するのが大変だったという話を聞いた。研究用のイネなので、それはやむを得ないことではあったが、大学の水田は、生産圃場としての一面も持つ。その立場に立てば、研究が終了してからも後を絶たない雑草イネの出現は迷惑な存在だったのである。

広まる赤米栽培に対して、雑草学の専門家が新聞に「赤米は有害」だとする記事を寄せたことまであった。日本の水田稲作が雑草イネを駆除するには、明治以降100年の時間が必要であった。悪いのは雑草イネであったが、多くの人には悪いには赤米であるとの認識が広まった。次項に書くように、赤米は一部の強力なファンによって復権を果たすが、初期には、ひっそりと、周囲、とくに周囲の農家には隠れて栽培しなければならなかった。

遺伝資源としての赤米

赤米が今のように社会に受け入れられ、その愛好会までできるようになったのはいつか。そしてそれは何がきっかけだったか。むろん、赤米は、総社市の国司神社はじめ全国の数か所で栽培されていた。しかしそれらはどれも神事であり、できた米は神饌として奉納されるものであった。一般の消費者が食べるものでも、一般の農家が栽培するものでもなかった。

そうした中、赤米の魅力に取りつかれた人びとがいた。わたしの手元に、日本古代米研究会という会が編集した『古代米は生きている』という本がある。会は全国組織で、農家の人たちのほか、学校の教師、料理人など様々な立場の人にささえられてきたが、その中に初代の会長をつとめられた芦田行雄氏の「赤米に魅せられて25年」という記事がある。それによると、芦田氏は平城宮跡から出土した木簡に郷里の弥栄町（現在の京丹後市弥栄町）の芋郷《いものさと》地区から（平城京に）

赤米の春米が納めたことを示す文言があったのをみつけ、その試作を企図された。そして、1979年に、総社市国司神社のものと伝わる種子を入手して試作された。

これより先、長野県の唐木田清雄氏は1973年ころから赤米を試作しておられたようだ。ただし長野県下にはこのころ、「とうこん」と呼ばれる雑草イネの問題が深刻で、唐木田氏は半ば「ひそかに」赤米を栽培されたようだ。

赤米を残そうという意図は、唐木田氏によれば「遺伝子資源として子孫に伝えるべき遺産」だというところにある。このころ、学界にはすでに遺伝資源保存の重要性と、多くの遺伝資源が絶滅の危機に瀕しているという危機感がすでにあった。赤米に、雑草の一面があるのは事実としても、だからといって遺伝資源から抹殺してしまうのは人類共通の財産の喪失に他ならない。この認識が、赤米を絶滅の縁から救ったのである。

芦田氏の努力はその後、藤村政良氏や香山幸生氏らに引き継がれ全国的な赤米ブームをけん引する原動力となった。つまり、いっときは雑草イネとして、または劣悪品質の代名詞でもあった赤米は、全国の消費者や関係者らに支えられてその地位を確立していった。その背景にあったのが健康食ブームであり、さらにその背景には米余りの風潮があった。

なお芋郷地区では、1976年に、このことを後世に伝える「献米記念碑」を建立したという。またその後もこの赤米を守る「芋郷赤米保存会」を設立して今も活動を続けている。

まとめ

赤米は日本列島に渡来してからというもの、つねに人と社会に翻弄され生き続けてきた。大変興味深いことに、赤米を作り、食べ、一貫して支えてきたのは庶民であり、いっぽうこれを排除し、駆除しようとしてきたのは国家やときの権力者たちによる画一化、規格化のもくろみであった、ということができる。赤いからといって、それだけ食味が悪くなるわけではない。しかも、赤米の玄米は、精米すれば普通の白米になる。だいいち赤色は白色に次いで縁起のよい色である。赤米は悪い米、という頭にこびりついた発想が、赤米を悪者にしてしまった。

日本人がずっと昔から赤を嫌っていたのではない。その証拠に、赤飯の赤は、もともとこの赤米に由来するとの仮説もあるほどなのだ。赤米の復権を、こころから祈りたいと思う。

参考文献

日本古代稲研究会（編）『古代稲は生きている』弦書房、２００３
福嶋紀子『赤米のたどった道―もう一つの日本の米』吉川弘文館、２０１６
嵐嘉一『近世稲作技術史―この立地生態的解析』農文協、１９７５
盛永俊太郎『日本の稲―改良小史』養賢堂、１９５７
嵐嘉一『日本赤米考』雄山閣、一九七四
伊藤信博「『酒飯論絵巻』に描かれる食物について―第三段、良飯の住房を中心に」名古屋大学大学院国際言語文化研究科編『言語文科論集』32（２）―63―75、２０１１

コラム

赤米の栽培と神事

秋山 律郎（新本地区有山林管理会長）

岡山県三大河川の一つである高梁川、その一支流に新本川《しんぽんがわ》がある。その最上流部が総社市新本地区である。新本は、大まかにいうと新本川をはさんで北側が新庄、南側が本庄地区である。この新庄と本庄にそれぞれ国司《くにし》神社という（新本ではクニシンサマと呼ばれている）神社がある。この新庄、本庄両国司神社に、全国的にも珍しい赤米《あかごめ》をお供えするお祭りが伝わっている。

国司神社にお供えする赤米の栽培は、新庄、本庄それぞれ1か所で行われている。本庄には、国司神社の東側に面積約1・8畝の神田があり、ここで栽培される。ここから収穫される赤米は2斗弱で、籾種子1升5合ほどを残して、霜月祭り、春祭りの2回のお祭りに使われる。この神田《しんでん》における栽培は、以前は宮司が行っていたが、現在は新本小学校児童も参加して赤米保存会が行っている。

新庄では、戦前まで2畝ほどの神田があったが今はなく、お祭りの当番部落の宮当番の田で栽培される。そのため毎年栽培する田も、栽培する人も異なっている。個人所有の概ね2畝ほどの田から2斗ばかり収穫し、籾種子1升ほどを残して霜月《しもつき》祭りに使われる。

赤米の栽培は、新暦5月初旬に苗代へ籾種子を播き、40日程で育った苗を植え付ける。神田の耕作には肥料は一切使わず、ただ芝草を施すだけである。また以前は牛も田へは入れないし、女性も入れなかった。刈り入れは、普通の稲より10日前後遅く行う。茎は1メートル70センチに達するほど長いので、ネットを掛け倒伏を防いでいる。本庄では、今では非常に珍しくなった人力による脱穀機、唐臼《からうす》、唐箕《からみ》、万石《まんごく》などを使い選別まで行っている。

新庄、本庄両国司神社とも、旧暦の11月15日にお祭りが行われる。一般には霜月祭りというが、ソバキリ祭りともいわれていた。これは、この日にはソバを各家庭で打ち食べていたことからきたものである。その昔、この霜月祭りは、同じく秋の収穫祭である八幡神社の秋祭りとともに、新本では賑わったお祭りであった。

新庄国司神社の霜月祭りは、次のように行われる。お祭りの世話は、現在は部落の当番制で行っている。しかし、戦時中までは数軒の特定の家が交代で行っていた。戦時中の物資の乏しい時代に、特定の家のみからお祭りに必要な多くの物資を調達するのが難しくなり、またこのうち数軒は転出などで戸数が減少したため負担が大きくなったので、祭当番を部落単位で交代制とした。また、宮当番の家もその部落で1軒を選んで決めるようにした。

宮当番になった家は、霜月祭りの1週間ほど前から玄関前に若宮大神をお祀りする。これはワカミヤサマと呼ばれ、こんもりと川砂を盛り御幣を立て、米や果物などをお供えして、四方に竹を立てしめ縄を張ってお祭りが終わるまで祀っておく。ワカミヤサマでは、

新庄国司神社の駆けり餅

宮当番の家の家内安全と、神をお迎えするためのお清めをするということで、宮司がご祈祷《きとう》を行う。

お祭りの日は、朝から当番部落の人が集まり、宮司とともに神饌《しんせん》（お供え）の準備をする。神饌は、白米、玄米、お神酒、昆布、寒天、大根、人参、鯛などや鏡餅、それに赤米の御供（御飯）などである。そのほかに籾俵に入った赤米の籾種子1升と、紙の袋に入った赤米の荒米1升をお供えする。また、紅白の鏡餅をそれぞれフクラシの木にくくりつけて本殿の標柱におく。神事は午後2時から始まり、献饌《けんせん》、祝詞奏上《のりとそうじょう》、玉串奉奠《ほうてん》と続く。次に、フクラシの木にくくりつけた紅白の鏡餅を、2人が1本ずつ担いでクニシンサマの急な石段を競い駆け下り、約100メートル北の姥御前《うばごぜん》（もと神田のあった付近）にお供えする競争をする。この競争で勝ったものが次期の八幡神社の当番となり、負けた人は国司神社の当番となっていた。今は新本小学校の児童が行っている。

このあとは、神前での直会《なおらい》（会食）となる。直会ではお神酒、赤米の御飯をいただき、参拝者にも赤米で作った甘酒がふるまわれる。次期宮当番の家は、ここで籾俵に入れてお供えされている籾種子1升を受け取り、翌年春の籾まきまで自宅のお床にお祀りして保管しなければならない。

本庄国司神社のお祭りは、霜月祭りと旧暦正月6日に行われる春祭り（甘酒祭りあるいは年始祭ともいう）がある。春祭りは本庄のみ行われる。お祭りの内容は霜月祭りも春祭りもおおむね同じである。お祭りは、新庄と同じく部落の当番制で行っている。昔は特定の家20軒が当番をしていたそうだが、明治の中頃から今のようになったようである。こちらも新庄と同じく当番部落のうち1軒を選んで宮当番としている。

お祭りの日は、朝から神饌の用意をする。神殿には赤米、白米、玄米、赤飯、お神酒、餅、海魚、昆布、果物、カタツクリの麹（赤米で作ったもの）などをお供えする。また、七十五神、稲荷殿などにも、それぞれ赤飯、お神酒、餅、海魚などをお供えする。神事は午後1時から始まり、献饌、祝詞奏上、玉串奉奠、撤饌《てっせん》と進み、最後に湯立てを行い終わる。その後、神前での直会で、赤米の御供、甘酒、お神酒をいただく。参拝者にも赤米の甘酒がふるまわれる。湯立てはその年の米の豊凶を占うもので、またそのお湯を飲むと身体に良いとされている。

以上、新庄、本庄両国司神社の赤米の栽培と神事について概略を述べた。

昭和60（１９８５）年に「新本両国司神社の赤米の神饌」として岡山県の無形民俗文化財に指定され、地元新本でも赤米保存会が出来るなど保護、保存に向けて大きな一歩を踏み出した。平成24（２０１２）年の相川七瀬さんの赤米大使就任や、新本小学校が児童の課外活動へ取り入れてくれたことなど、更に大きく情報発信が出来るようになった。

本庄国司神社の田植え風景

赤米が現在まで伝わっているのは、我が国本土では新本しかない。これもひとえに新本の人々の厚い信仰心と、地域文化を大切にしてきた賜物ではないかと思う。いつまでもこの伝統行事を守っていかなければならないという思いを新たにした。

※参考文献　『四季のこころ　義民の里の年中行事』昭和59年3月発行、新本幼小ＰＴＡ編集・発行

第三章

雪舟さん

守安 收（岡山県立美術館館長）

はじめに

「出身者で一番の有名人は誰？」と総社市民に問いかけると、「雪舟さん」との回答が大半を占めることだろう。「雪舟さん」は、小坊主時代に市内宝福寺の堂柱に縛られながら涙でねずみの絵を描いた逸話で知られる画家。教科書でもおなじみの人物であり、このねずみさえも総社市のPRキャラクター「チュッピー」に変身して親しまれている。

雪舟は、わが国の美術史においては室町時代の水墨画を大成したとされる。禅僧であり、画家でもあることから「画僧」と呼ばれ、「画聖」の称号を冠せられることもある。生前から著名で、殊に江戸時代初期からは格別な存在として画界に君臨してきた。したがって、彼に言及した資料が多数伝来し、研究の蓄積もあることから同時代の画家と比べると、はるかに理解が進んでいる。実際、雪舟の師・周文については生没年が不詳で、周文筆として国宝や重要文化財に指定された作品が何点も存在するにもかかわらず、それらは状況証拠から周文作と想定されたに過ぎない。ただし、雪舟といえども伝歴や遺作の確定等、全体像が解明されたというわけではない。没年・没地についても諸説あり、結論を出せないのが現状である。まだまだ謎の多い人物といわざるを得ない。とりわけ48歳で中国大陸へ旅立つ応仁元（1467）年までの前半生に不明な事跡が多く見受けられ、近年まで不透明な状態であった。加えて、長い年月、雪舟を「画聖」という先入観を抱いたまま解釈してきたという経緯もある。彼の本当の姿を見失っている可能性は払拭できないのである。しかしながら、ここ30年で急速に研究が進展し、新たな知見がいくつも発表されている。

雪舟像（模本）（富岡鉄斎　岡山県立美術館蔵）

宝福寺（総社市井尻野）

地元総社の観光大学で「雪舟さん」をテーマとするからには、彼の誕生地や出自など総社との関係性が重要な課題となる。以下、彼の前半生に着目しながら実像に迫ってみよう。

『本朝画史』から

雪舟に関する一般的なイメージの大半は『本朝画史』[註1]（1693年刊）によって構築されたと思われる。同書に記載された内容は、京都狩野派の長で画壇の大御所である狩野永納（1631～97）が編纂したという権威も相俟って広い範囲へ行きわたっている。長文であるので、冒頭部分のみ引用する。（原漢文）

「僧雪舟、諱は等楊。また備溪斎と称し、或いは米元山主と称す。氏は小田。備の中州赤浜の人也。今に到るも赤浜の之田間に、雪舟の産まるる所の地あり。天性画を工みにす。如拙及び周文を師として其の法を得たり。更に新意を出す。或いは曰う。雪舟十二三歳に及びて、其の父は之（雪舟）を携えて、（備

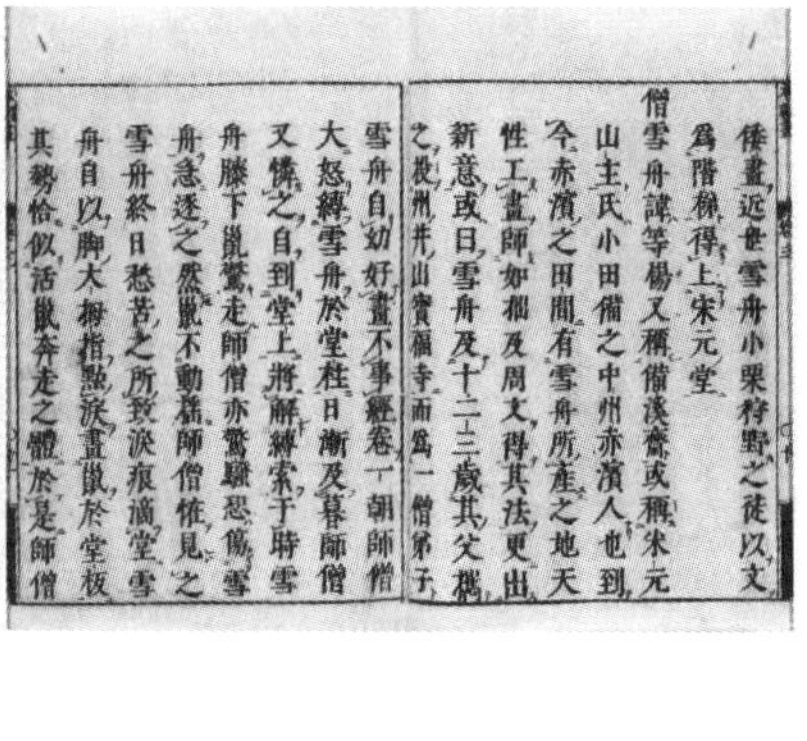
倭畫近世雪舟小栗狩野之徒以文
爲階梯得上宋元堂
僧雪舟諱等楊又稱備溪齋或稱米元
山主氏小田備之中州赤濱人也到
今赤濱之田間有雪舟所產之地天
性工畫師如拙及周文得其法更出
新意或曰雪舟及十二三歳其父携
之投州井山寶福寺而爲一僧弟子
雪舟自幼好畫不事經卷一朝師僧
大怒縛雪舟於堂柱日漸及暮師僧
又憐之自到堂上將解縛索于時雪
舟膝下鼠驚走師僧亦驚駭恐傷雪
舟急逐之然鼠不動蓋師僧惟見之
雪舟終日愁苦之所致淚痕滴堂雪
舟自以脚大拇指點淚畫鼠於堂板
其勢恰似活鼠奔走之體於是師僧

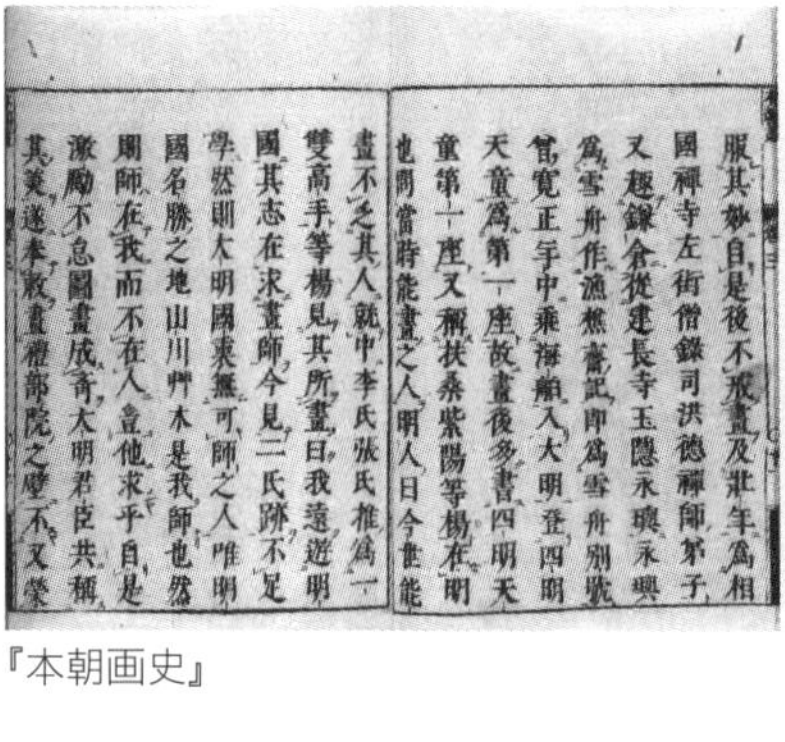
服其妙自是後不廢畫及壯年爲相
國禪寺左街僧錄司洪德禪師弟子
又趣鎌倉從建長寺玉隱永璵永璵
爲雪舟作漁樵齋記即爲雪舟別號
嘗寛正年中乘海舶入大明登四明
天童爲第一座故畫後多書四明天
童第一座又稱扶桑紫陽等楊在明
也則當時能畫之人明人曰今世能
畫不乏其人就中李氏張氏推爲一
雙高手等楊見其所畫曰我遠遊明
國其志在求畫師今見二氏跡不足
學然則大明國裏無可師之人唯明
國名勝之地山川艸木是我師也然
則師在我而不在人豈他求乎自是
激勵不息圖畫成奇大明君臣共稱
其美遂奉敕畫禮部院之壁不又榮

『本朝画史』

中）州の井山宝福寺に投じて、一僧の弟子と為す。雪舟は幼きより画を好みて、経巻を事とせず。一朝師僧大いに怒り、雪舟を堂の柱に縛る。日は漸く暮に及び、師僧また之を憐れむ。自ら堂上に到りて将に縛索を解かんとす。時に雪舟の膝下に鼠驚き走りたり。師僧もまた驚き騒ぎて、雪舟を傷はんことを恐れて急ぎ之を逐う。然れども鼠は動揺せず。師僧怪みて之を見れば、雪舟終日愁苦の致す所の涙の痕、堂に滴つ。雪舟自ら脚の大拇指を以て、涙を点じて鼠を堂の板に画く。其の勢は恰も活ける鼠の奔走之体に似たり。是に於いて師僧は其の妙に服し、是れより後は画くことを戒めず。壮年に及びて相国禅寺左街僧録司洪徳禅師弟子と為る。（下略）」

以上は、備中赤浜に生まれ、姓は小田氏といい、少年になって近くの宝福寺に入って修行を開始し、涙で鼠の絵を描く逸話を残した後、上京して相国寺で春林周藤の弟子になったというところまでであり、本文はさらに天章周文に画を学んでやがて中国へ渡ったと続く。

雪舟の伝記については、この『本朝画史』という基盤の上に成立したと目されるが、彼に関する記述は、他の画家伝と比較した場合でも殊に詳細で、日本最大の画派、かつ最も権威を有した狩野派にとっての雪舟という画家の存在の重さが如実に示されている。同書は雪舟研究の先駆けであったにとどまらず、我々の雪舟観を決定したと認められる。ただし、それがすべて真実であるか否かについてはまた別のことであり、資料に基づく丁寧な検証が必要となる。

雪舟の生年と没年

雪舟の生まれた年については、文明18（1486）年作の《四季山水図（山水長巻）》（国宝・毛利博物館）の自跋

文明十八年嘉平日天童前第一座雪舟叟等揚六十有七歳筆受

及び1495（明応四）年作の《（破墨）山水図》（国宝・東京国立博物館）の自題

明応乙卯季春中澣日四明天童第一座老境七十六翁雪舟書

を逆算することにより、応永27（1420）年と確認し得る。この年は『看聞御記』の記事(註2)によると、旱魃や飢饉のため、諸国の貧民が上洛し、乞食が充満し、餓死するものが多かったという。また、同年四月の『老松堂日本行録』(註3)にも西宮付近では飢人や病人が多く、路傍に坐して通行する者に食を乞う状態であったことが記録されている。雪舟が誕生した年はどうやら災厄の多い恵まれぬ年であったようである。

他方、没年については、以参周省と了庵桂悟という二人の禅僧の賛文が賦された雪舟の遺作《山水図》（国宝）の存在によって、つまり了庵の詩は内容から雪舟示寂の翌年に書き込まれたと判断されて永正3（1506）年説が唱えられ、これが定説化して近年までの画集や歴史辞典などに採用されてきた。とはいえ、この永正3年87歳没説は、確定するまでには至らず、終焉の地として名の挙がる山口市雲谷庵、益田市大喜庵、井原市重玄寺の三説に決着をつけることができず推

移してきた。

それに対し、江戸時代18世紀には文亀2（1502）年、83歳没説も有力なものと理解されており、明治初期には雪舟ゆかりの周防・長門・石見地方では他説を凌ぐ勢いで広まっていた。文化14（1817）年に文章が作られた宝福寺境内の「雪舟禅師之碑」（藤井高尚撰　実際の建碑は大正末年から昭和6年）にもこれが採用されている。なお、雪舟筆と伝わる作品に「八十二歳」や「八十三歳」と記されたものが数点見受けられるが、それは没年を決める根拠となるものではない。83歳と87歳との二説が唱えられている現状では、没年は「87歳？」とするのが妥当と思われる。

雪舟禅師之碑（宝福寺境内）

雪舟の誕生地

雪舟の誕生地について言及した同時代の史料は次の2点である。

その一つは、雪舟の友人で先輩でもある禅僧翱之恵鳳が寛正5（1464）年『竹居清事西遊集』に収めた「跋如拙画後」の文中、

雲谷名等揚海東備府人也、

であり、もう一つは、雪舟の親友で彼の遺作に着賛した禅僧了庵桂悟が、文明18（1486）年に雪舟の画房について記述した『天開図画楼記』中の一文

四明天童首座、雲谷老人諱等楊、号雪舟、本貫備之中州人、姓藤氏

である。これらにより、雪舟の生国が備中（岡山県西部）であることが判明する。ただし、備中の何処であるのかについては当時の文献には見当たらない。

それが『本朝画史』の記事により「備中赤浜（総社市赤浜）」とされるようになるのだが、没後200年近くを経過した時代の地元伝承に依拠した誕生地名であり、必ずしも確実とはいえない。しかし、同書編纂時とほぼ同時期には備中の俳人・在田軒道貞（吉岡信元）や広島藩の儒医・黒川道祐らによって現地調査がなされ、彼らも同様に「赤浜説」を唱えている(註4)ことから、それなりの典拠を得ていたはずである。

それが幕末頃までには赤浜説以外に、現在は岡山市域に含まれる高塚村説や田中村説が登場している。江戸時代には赤浜村は窪屋郡に、高塚村と田中村とは賀陽郡に属していたが、かつては足守川西岸地域として一体的に扱われていた形跡がある。幕末に編纂された地誌『備中誌』には、高塚村については特段の記述は認められないが、田中村はかつて赤浜村に属していたことが想定できるといった趣旨のことが記されており、雪舟の誕生当時、田中村が赤浜村の一部であった可能性は高い。

この誕生地とされた赤浜一帯は、田中・高塚を含め、足守川や血吸川が形成した広々とした沖

積平野である。多くは小河川の合流する低湿地帯で占められ、往時は度々冠水という事態を招いていたことが推測される。地形的には田中・高塚地区の多くはこの低平地であり、赤浜のみは北側に平地が広がるものの、南側の山の北斜面の麓に集落が作られている。それは雪舟の時代においても同じような状況であったはずである。

そして現在、赤浜周辺には各々高さ１８０センチほどの二基の雪舟顕彰碑が立つ。それらは高速道路岡山道の総社インターチェンジの南側にあり、両碑はおよそ３００メートルの至近距離に建碑されている。

① 画聖雪舟誕生碑（総社市赤浜所在）昭和12年　山田準撰、中島嘉一書

② 雪舟遺蹟碑（岡山市高松田中所在）昭和15年　徳富猪一郎（蘇峰）撰、大原専次郎（桂南）書

① は一般的な雪舟論を踏襲したもので、「備中赤浜」

画聖雪舟誕生碑（総社市赤浜）

雪舟遺蹟碑（岡山市高松田中）

生まれ、「俗姓小田」とする。

② はやや異なり、石見出身の「田熊氏」が田中村に移住し、その家から雪舟が出たという。雪舟「田熊氏」説である。

しかしながら、江戸時代中期の『備中集成志』では田中村誕生地説はあっても「田熊氏」説は登場せず、江戸末期の時点でも『備中誌』の編者も「田熊氏」説をさほど重視していない。それを支持する備前・備中辺りの史家や考証家は殆どいなかったのであろう。

誕生地については、かつて田中村が赤浜村に含まれていた可能性も考慮に入れると、雪舟は当時でいう赤浜村で出生したのだろうと思われる。が、まだまだ絶対確実というレベルには達していない。また、雪舟の本姓については、当時の史料には既述したように「藤氏」、おそらく藤原氏の末流ということだけが判明しており、江戸時代に「小田氏」とした根拠は不明である。もっとも、「小田」は備中西部の郡名で、古代には吉備氏の族と考えられる小田臣の名を冠した豪族もいた。雪舟にやや先行する時期に京都で活躍した歌僧清巌正徹（1381～1459）は小田姓を称しており、そのような文化人を世に送り出すことのできる名家というイメージが雪舟小田氏説を生んだのかもしれない。いずれにせよ、一般の農民は姓をもたないことが通例であった室町時代において、雪舟の生家が姓をもつというからには、出自のうえでは備中地域でそれなりの家柄と勢威を誇る一家の一員であったと想像されるのである。

雪舟の出自

その雪舟の赤浜誕生地説と本姓に関する重要な資料が1997年に大島千鶴氏によって紹介された。(註5) それが、千畝周竹（備後仏通寺住職、備中重玄寺開山）の語録『也足外集』である。重玄寺は嘉吉元（1441）年備中井原庄に開かれた臨済宗仏通寺派の禅寺（井原市芳井町）で、開山の千畝周竹（1379〜1458）は五摂家の一つ近衛家の出とされ、仏通寺開山愚中周及（1333〜1409）に師事した高僧。千畝は備中に重玄寺のほか丹後に常喜院（現宗雲寺　京丹後市）などを開き、天寧寺（福知山市）や仏通寺（三原市）の住持を務めている。また、仏通寺内に長松院を開いて寿院とし、愚中派のうちで常喜・長松派を生み出している。

この『也足外集』によると、千畝は宝徳元（1449）年、真證覚本という人物の三十三回忌のための香語を作っている。法要の功徳主は覚本の子で「備之中州赤浜保居住奉三宝（仏・法・僧）弟子藤氏重定」であるという。当時、赤浜に住む藤氏といえば、雪舟を連想するのが自然だろう。雪舟と同族である可能性がきわめて高いことはいうまでもない。この法要の時点には雪舟は30歳になっていた。さらにこの香語には、覚本が愚中周及に参じて徳本庵を開基したことが記されている。赤浜に住む息子重定が父の法要を行ったとすれば、赤浜に徳本庵があったと解釈すべきであろう。しかもその法要には本山仏通寺の住職が訪れている。こうした禅庵を建立し「安置禅侶」して維持できる程度の経済力を有した藤氏が、赤浜きっての有力者であったことは紛れもなく、周辺地域にもいくらか知られた存在であったに相違ない。藤氏重定を長とする一族に生まれた雪舟は、徳本庵の生活を間近に見ながら育ち、禅僧としての未来を歩んでいったのではあるまいか。

ともあれ、藤氏の居住が確認されたことにより赤浜誕生地説はかなり強固なものとなった。雪舟の出自は、小さな禅庵を建立し維持できる程度の地域の有力者の一族であったと理解して差し支えなかろう。しかし門閥・家柄が栄達に反映する当時の禅宗社会においては、地方の小地主階級出身の彼が禅僧として高位に昇ることは相当困難であったと考えられる。

ちなみに、『也足外集』には千畝和尚の「題楊公山水図」という七言絶句が記載されている。「楊公」、すなわち雪舟が描いた山水図に千畝が賛詩を書いたと解するべきだろう。また、雪舟の没地について『東福寺誌』が「永正三（1506）年二月十八日　雪舟等揚大日（月）山重源（玄）寺に寂す」と唱えていた(註6)ものの、典拠が不明とされてきたが、『也足外集』の出現によって「重玄寺」説が改めて浮上してきた経緯がある。雪舟と重玄寺との関係を見過ごしてはならない。

宝福寺入寺

宝福寺（総社市井尻野）での逸話は、『本朝画史』以来とても有名だが、あいにく入寺を証明する資料は伝わらない。

彼の師承関係を手掛かりとすべく、当時の史料を挙げてみる。

『梅花無尽蔵』　萬里集九（1428〜1507？）作中の一文

初掛名於洛之相国鹿苑精舎之籍、以画三昧為佛事矣。

『天開図画楼記』　了庵桂悟（1425〜1514）作中の一文

蚤隷洛之萬年（相国寺）師承春林和尚。

いずれの記事も雪舟が京都相国寺の春林周藤（1463年没）に師事したということで一致する。それも初めてとか、蚤（早）くに上洛して門に入ったということである。これらを記述した萬里集九も了庵桂悟も雪舟とは親しい間柄で、ともに東福寺との関係が深い禅僧であった。つまり、当時の史料をそのまま解釈すると、雪舟は宝福寺へ入ったのではなく、初めから相国寺に入寺したと考える他あるまい。だが、相国寺は日本の禅寺を統括する最有力寺院であり、よほどの縁がない限り、備中の片田舎の少年が直接入って修行を始めたとは想像し難い。赤浜生まれの少年が禅林での修行となると、思い浮かぶのは赤浜から直線で約6キロメートル西北に位置する備中きっての名刹東福寺派の宝福寺である。備中は比較的臨済宗寺院の少ない地域であるが、備後を拠点とし雪舟一族が護持する徳本庵が属する仏通寺派となるとさらに限定される。この仏通寺派は京都（＝俗世）との接触を避けて修行する一派として知られるが、東福寺派とは比較的良好な関係を結んでおり、両派のつながりを加味すると、やはり宝福寺でスタートしたと考えたい。

そして京に上り相国寺で修行したとされるが、その前に宝福寺の本山・東福寺に入った可能性を想定すべきと思われる。東福寺には明兆以来、水墨表現で仏画を描く絵師がおり、雪舟も若い頃、そうした仏画を手掛けていた形跡が認められる。かつ、生涯にわたって相国寺系より東福寺系の禅僧たちとの親しい交流が際立つ。絶筆とされる《山水図》（国宝　個人）の二人の賛者、以参周省と了庵桂悟はともにそうであり、他の交際例も雪舟上洛当初の東福寺入寺説を補強するとみなしてよいだろう。

相国寺から山口へ

京都五山の一つ相国寺は、足利将軍との関係が密で、塔頭鹿苑院には僧録司が置かれていた。僧録はいわば禅宗界の事務総長的存在であり、僧録司は全国の禅僧の人事権を握っていたことから強大な権力を保持していた。赤浜の藤氏出身の彼は、相国寺では知客（禅寺での公的な来賓の接待役）を務めながら、春林周藤に就いて禅を、室町将軍の御用絵師でもある周文に画を学んだ。禅を修行し画を学ぶには最高の環境に身を委ねたのである。しかし、若き雪舟は35歳頃には京都を離れ、やがて周防国守護大内氏の城下町で、西の京と繁栄を謳われた山口へ移り住む。この出京の理由については定かではないが、彼の粗削りで田舎めいたところ、つまり洗練や情趣に欠ける画風が京都の人々の好みに適わず、実力に見合うほどの評価を得ることができなかったのではあるまいか。だが、そうした表現は彼の個性そのものであった。室町時代は武家が政権を執っていたとはいえ、応仁の乱が始まる15世紀の半ばを過ぎてもなお、将軍を筆頭にして貴族趣味が美術や文化の基調を成していたのである。骨太で時に乱暴力と評される彼の持ち味は、繊細さに欠けるとみなされていたのだろう。残る希望は、水墨画の故郷中国に渡ることではなかったろうか。それを可能にする有力な選択肢が大内氏の遣明船に乗ることであった。西国の雄・大内氏は博多の港を支配し、堺を拠点とする細川氏とともに幕府の正式使節である遣明船を運航していた。さらに都合のよいことに、周防には大内氏一族の以参周省をはじめ、地縁を有する旧知の禅僧が幾人もいた。そうしたことが都に見切りをつけ、山口へ赴く決断への後押しとなったのだろう。

ただし、これまで山口へ定住した時期については明らかではなく、山口在住が確認できるのは45歳の時とされてきた。それは文明18（1486）年、山口を訪れた京都時代からの友人で東福寺の翺之恵鳳が記した『竹居西遊集』の記事から判明したことである。恵鳳は雪舟を「雲谷」と呼び、その居所に「晦庵」という扁額（部屋に掛ける額）を掛けたいという雪舟の求めに応じて、その二字の意義を書き与えたのである。なお、「雲谷」も「晦庵」も宋学（儒学）の大成者である朱熹（朱子）の居所に由来するものであり、彼を敬慕していたと目される。そして彼は、その前後に中国元代の禅僧・楚石梵琦が「雪舟」と書いた墨跡を入手し、相国寺の龍崗真圭という高僧に字説を依頼して「雪舟等楊」と名乗りを変えたと考えられてきた。すなわち、48歳での入明直前に改号したと従来の雪舟研究では認識されていたのである。

雪舟の改号問題

「雪舟等楊」という禅僧の名前は、「雪舟」という道号（字：あざな　彼においては画号でもある）と「等楊」という法諱（諱：いみな　本名）に分かれる。道号は師から与えられるもので、字説という名前の由来を師や高位の僧に記してもらうのが通例である。雪舟の場合は、「雪舟」と書いた二字の墨跡を得たことが契機になっている。ならば、「雪舟」と号する以前、彼はどのような画号を使用して作画していたのだろうか。そのことが、雪舟研究史において最も大きな謎の一つであった。

『本朝画史』の「雪舟」の項では、彼の前半生の画号については触れていない。しかし別項で、「僧等揚」の名を挙げ、「不知世姓。自書画後曰、日本禅人等揚筆。有二印。一曰、等揚。一曰、拙宗。墨画学周文極似（雪舟）等楊。或謂、等楊始用揚字後改楊字也。不知其実否。蓋其徒之傑者乎。」としている。これを読み下すと「（俗）世の姓を知らず。自ら画後に書きて曰く、日本禅人等揚筆と。二印有り。一に曰く、等揚。一に曰く、拙宗と。墨画を周文に学び極めて（雪舟）等楊に似たり。或いは謂う、等楊は始め揚字を用い後に楊字に改める也。その実否を知らず。蓋しその徒の傑者か。」となる。つまり、雪舟等楊によく似た墨画を描く「拙宗等揚」という伝歴不詳の画家がいて、「等揚」の「揚」字を「楊」に改めたという説もあるのだが、それは判然とせず、やはり雪舟門下の優れた画人であろうと結論づけている。

雪舟等楊の前身については、拙宗等揚以外の候補者名が挙がらぬものの、『本朝画史』に別人で弟子であろうとされて以来、不詳の時代が長らく続いてきた。それが昭和になり、再度、雪舟等楊・拙宗等揚同一人説が松下隆章氏[註7]や田中一松氏[註8]らによって唱えられる。しかし両者の作風には大きな差異があり、１９７０年代に入っても依然として別人説が主流で、前身は不明とされていた。

その一方で、「拙宗等揚」といっても「拙宗」と「等揚」とは別人で、かつ「雪舟」とも違うという三人の画家の存在を想定する、あるいは「等揚」は別人だが、「拙宗」と「雪舟」とは同一人とみなすといった諸説が提示される。そうした中、作品の発見や考証が進み、「拙宗」（朱文重郭方印）だけが捺された《山水図　龍崗真圭賛》（重文　京都国立博物館）や《潑墨山水図　以参周省ら三僧賛》（重文　正木美術館）らに、雪舟作品との近縁性を指摘する声が大きくなってくる。前者は雪舟の師・周文風を歴然ととどめる繊細な描写の作品であり、後者は雪舟が得意とした潑墨の山水図である。両者の表現手法には違いがみられるものの、「拙宗」を周文に学んだ画人とするならば、大きな違

出山釈迦図
（岡山県立美術館蔵）

和感は生じない。まして賛者の龍崗真圭や以参周省ら三僧はみな周防に縁があり、雪舟との関係も深い人々であった。ただし、「等揚」だけは別人とみなす場合には、現在岡山県立美術館が所蔵する《出山釈迦図》に「拙宗」（朱文鼎印）と「等揚」（朱文重郭方印）の両方が捺されていることへの対案を用意せねばならなかった。

出山釈迦図印章部分
（岡山県立美術館蔵）

ところが、「等揚」（朱文重郭方印）が捺された「潑墨山水図」（根津美術館　茂木克己氏寄贈）や「山水図」（根津美術館　小林中氏寄贈）が新たに確認される。それらには拙宗だけでなく、雪舟画へもつながる要素が見出せる。殊に前者は潑墨という技法（宋末元初の画僧玉澗が得意としたもので、墨を潑いで人物の衣文や山岩の形全体を描く。染みや滲みの形にならない形、つまり意味のない墨の染みと塗り残された余白との関連において、例えば山水のイメージを観る者に抱かせるという性格の技法。雪舟一門が多用する）で描かれたもので、山や岩、水、家屋といった個々の景物とその筆墨での表現、構図といった面などにおいても「拙宗」筆の正木本や「雪舟」筆の《山水図（倣玉澗）》（重文　岡山県立美術館）、《破墨山水図》（国宝　東京国立博物館）らと近い。すなわち、「等揚」と「拙宗」とは同一人であり、その人物が改号して「雪舟」として成長していくという筋立てを裏付ける作品が登場したのである。加えて「拙宗」（朱文重郭方印）が捺された《芦葉達磨図》（米国　スミス・カレッジ美術館）の存在が明らかになり、それは平成28（2016）年に根津美術館で日本初公開された。それは先に挙げた岡山県立美術館本の《出山釈迦図》との間に、衣の線や長く爪を伸ばした足指の表現等に共通するところが認められ、しかも賛者の竺心慶仙は山口に居た曹洞宗の禅僧であった。ゆえに、拙宗等揚は画作において最初「等揚」（重郭方印）を用い、次に「拙宗」（鼎印）と「等揚」（重郭方印）を併用し、最後に「拙宗」（重郭方印）を使用したとする宮島新一氏の見解（註9）は正鵠を射たものといえよう。

　いずれにせよ、同一人説に立脚した論文や画

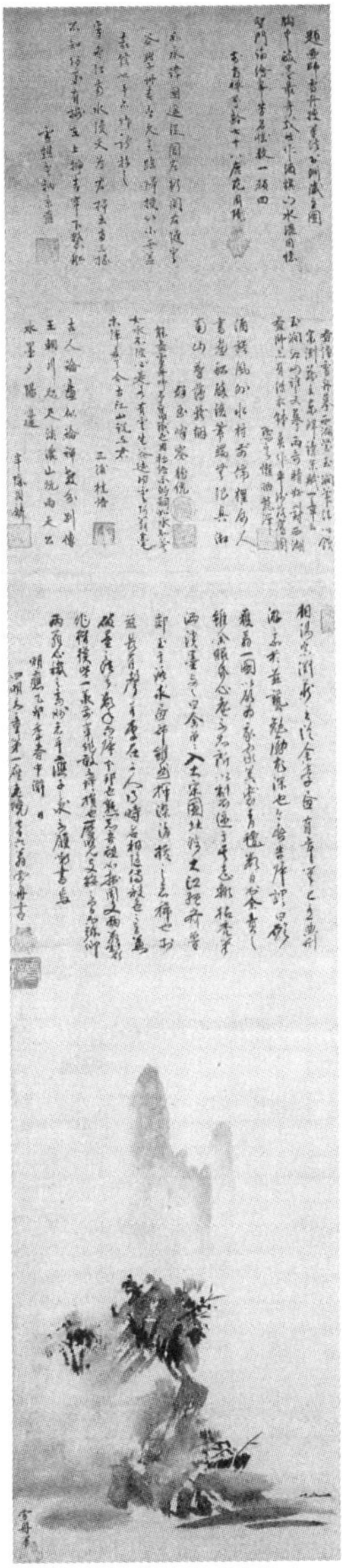

破墨山水図
（東京国立博物館蔵）

山水図（倣玉澗）（岡山県立美術館蔵）

集等での紹介の時期を経て、学界での異論が解消して定説化する。島尾新氏はこの同一人説が定着に至るまでの研究史を整理(註10)しつつ、京都と東京の両国立博物館での《雪舟展　２００２年》開催に尽力し、以来、「雪舟等楊」は「拙宗等揚」の改号後の姿として扱われている。

さらに、改号時期に関しても新たな展開をみた。平成21（２００９）年に龍崗真圭撰『古尊宿詩文集』（花園大学情報センター）所収の「雪舟二字説」の存在が福島恒徳氏によって公表(註11)されたことで、龍崗真圭が字説を書いた時期が従来説より遡り、雪舟38歳時のことと判明する。真圭はこの年、朝鮮貿易の関係で山口へ滞在しており、旧知の雪舟から字説を依頼されたのである。この新出資料出現の意味は単に改号時期の確定ということだけにとどまらない。まず、拙宗等揚としての活動時期が10年近く縮まる。京都時代の彼がそれなりの評価を得ていたとしても、当時の作品は遺っているのであろうか。拙宗等揚作の多くは山口での3年程度の間に制作されたのかもしれない。そして、何よりもこれまで雪舟と名乗ってからの活動は、入明直前から始まるものとして作品の編年を組み立てていたことに対して、大きな修正を求めることになる。拙宗等揚改め雪舟等楊は、38歳時には山口に居を構えて画業に励んでいたという認識から始めなければならない。まさに今後の雪舟研究に新たな課題を突きつけたのである。

雪舟入明

改号から10年後、48歳となった雪舟は大内氏の遣明船に乗って念願の中国へと渡る。最初に太白山天童景徳禅寺（寧波市）を訪れ首座（第一座ともいう。修行僧の最上位で、住持に次ぐ）の称号を贈られる。儀礼的な叙位であったのだろうが、日本では格下の知客職に過ぎなかった彼は、これをきわめて名誉なことと受けとめ、代表作である67歳時の《四季山水図巻（山水長巻）》（国宝　毛利博物館）には「四明天童前第一座雪舟叟等揚（挿図11）」、76歳時の《破墨山水図》（国宝　東京国立博物館）には「四明天童第一座」と款署する。雪舟の禅僧としての誇りが並々ではないことがうかがえるに違いない。この渡明の翌年、北京滞在中には礼部院の壁画を描いたとされ、同じく《四季山水図4幅》（重文　東京国立博物館）もこの頃の作と考えられている。また、現在はどちらも模本しか伝わらないが、現地で《唐土勝景図巻》（京都国立博物館）や《国々人物図巻》（京都国立博物館）などの、かの地の実景や風俗を描いた作品は、あたかも絵による中国報告書といった性格を有する。そして足かけ3年に及んだ明国滞在から帰国するが、大陸での体験は彼の画境を大いに広げ、後年の活躍に至る一大転機となったと理解されている。確かにその通りであるが、渡明前の山口での10年は、これまで以上に中国や朝鮮の絵画に触れる貴重な時間であったとみなすべきであろう。対外交易の重要拠点を支配し、中国や朝鮮の多彩な絵画を容易に入手できた大内氏のコレクションは、将軍家にも匹敵する豊かなものであったと想像される。

多様な図像や技法を学ぶにあたって、彼は京都時代よりもはるかに恵まれた環境であったと推測できるのである。

再び改号問題

ところで、「拙宗等揚」という画家の名前をどのように呼ぶべきなのだろうか。同一人説が確定するまでは「せっそう・とうよう」とか「せつじゅ・とうよう」と呼んできた。それは「雪舟等楊（せっしゅう・とうよう）」と区別するためであって、現在はいずれも「せっしゅう・とうよう」となっている。つまり「せっしゅう」という道号も「とうよう」という諱も、呼び名は変わっていない。

「拙宗」の由来から考えてみよう。雪舟の画の師・天章周文の師とされるのは、かの瓢箪で鯰を押さえる《瓢鮎図》（国宝　退蔵院）の作者・大巧如拙である。雪舟は周文以上に如拙に対して畏敬の念を抱いていた様子が諸資料から垣間見えることから、「拙」字をいただき「宗（しゅう、むね）」（中心として重んじる）としたと解釈するのが妥当であろう。その道号は京都を去り、山口へ移住して「雪舟」二大字を得たことで、画僧として心機一転、新たな生活をスタートしたことを表明するために音通する「雪舟」へと改号したものと思われる。ただし、「等揚」の諱をあらゆる局面で「等楊」と改めたかについては疑問が残る。明国滞在中の作《四季山水図4幅》の署名は「日本禅人等揚」、最大傑作とされる≪山水長巻≫の署名も「雪舟叟等揚」と読め、自筆では手偏の「等揚」を用いているようにみえる。しかるに≪山水長巻≫や≪破墨山水図≫の印文は明らかに木偏の「等楊」である。「揚」と「楊」との使い分けが認められるが、作品には「雪舟」の署名と「等楊」の印章とが組み合わされた作品が多い。「揚」の意は「あがる、あげる」であり、「楊」は水辺に生えて枝が垂れない「かわやなぎ」である。落款を入れる際、視覚的に「雪舟」の二字に相応しいのは「楊」であったことから「楊」字を印面に刻んだのであろうか。

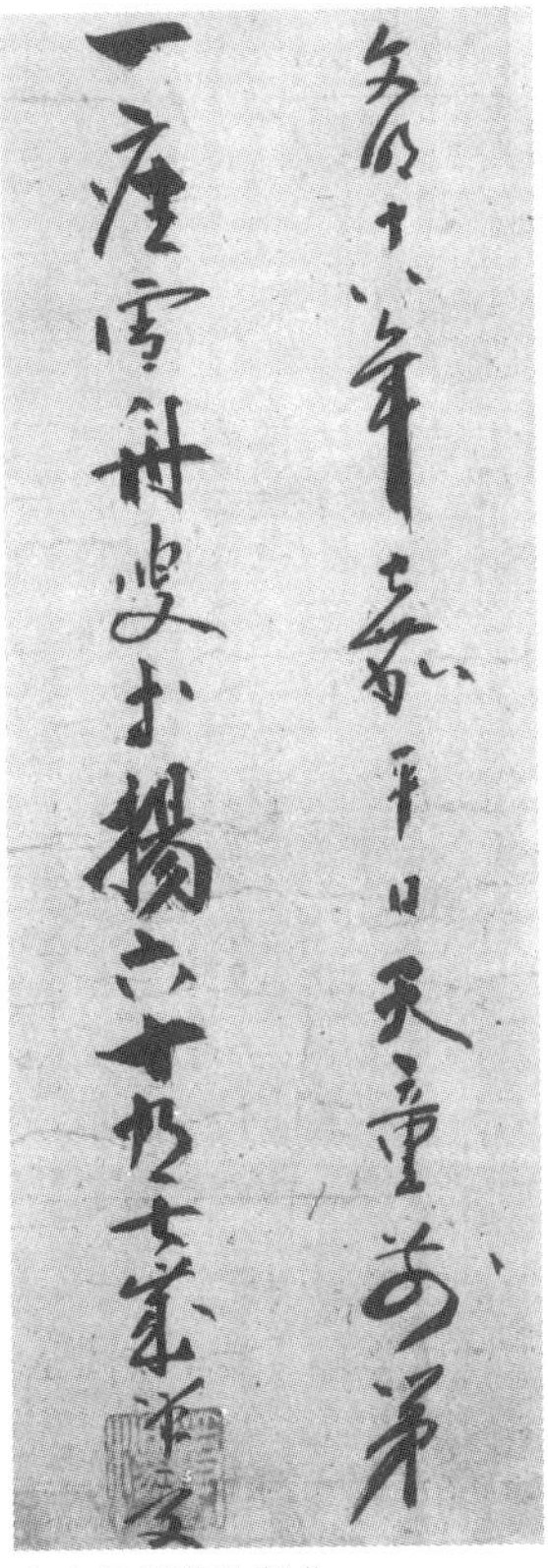

山水長巻落款部分
（毛利博物館蔵）

そもそも、「せっしゅう・とうよう」と音通する画僧が、ほぼ同時期に同じ山口にいたということ自体、不自然だった。それが別人と扱われてしまった要因として、画風の開きが大きかったことは先に挙げたが、雪舟自身が出自や名前に関することに一切触れず、他人へも語らなかったことが混乱を増幅、拡大させたことは否めない。彼の真意について忖度することは難しいが、禅僧として出家したからには、それ以前について触れるべきではないという一種の覚悟めいたものと、地方出身者で誇るほどの出自もさしたる縁故もなく、また自負心はあるものの画僧として京都で十分な評価を獲得できなかったことへのコンプレックスとそれへの反骨心といった諸要素がまじりあった結果ではなかったかとも思える。雪舟における改号は、自らの個性を活かして表現するという意識を保持しつつ画風の構築を図るという積極的なものであったと考えたい。雪舟は誕生から故郷備中での生活、つづく京都時代までの前半生をリセットして、別人として出発することを改号という行為を以て決意表明したのである。

拙宗等揚は38歳頃に雪舟等楊と名乗りを改めた。それまで築き上げた多くのものを捨て去って、改号を新たな出発点とした。48歳で敢行した渡明、その後の活躍が彼の前身を覆い隠してしまう。前身を語らず、後半生に賭けた雪舟の意図はみごとに実現したといえるだろう。ただ、雪舟は自身が改号・改名したことが、これほど大きな謎となって後世の人々を悩ますことになるとは夢にも思わなかったに違いない。

雪舟の後半生

文明元（１４６９）年に帰国してからは諸国を遊歴する。文明８（１４７６）年頃は大分でアトリエ「天開図画楼」を築いて活発な作画を行うも、また旅に出、文明11（１４７９）年、60歳の頃は石見益田（島根県）に滞在、文明13（１４８１）年には美濃（岐阜県）に友人を訪ねた。その後、駿河国（静岡県）からさらに越後国（新潟県）、加賀・能登国（石川県）などへも赴き、そして文明18（1486）年12月、山口で画師としての自負を込めた大作《山水長巻》を制作、以後、同地が雪舟の活動拠点となった。

とはいえ、漂泊の旅は続き、最晩年の文亀元（1501）年4月以降、すなわち82歳以降には、天橋立（宮津市）周辺を歩き回って実際の景色をスケッチし、それを山水画の画面としてまとまりの良いように鳥瞰図的に再構成したと考えられる《天橋立図》（国宝　京都国立博物館）を制作するなど、老齢を感じさせない活動ぶりを呈している。

雪舟の後半生については、本稿では改めて触れないが、画家としての在り方をうかがう恰好の作品として岡山県立美術館の所蔵品から二点を紹介しておきたい。

ひとつは《山水図（倣玉澗）》である。これはほぼ正方形の画面に団扇形を画し、内側に宋末元初の高名な画家・玉澗の作風に学んだ山水を描いて「雪舟」と款記し、外側に準拠した画家「玉澗」の名前を書き入れたもの。本図を含めて同じ体裁をとる作品が、江戸時代に狩野常信が模写した《流書手鑑》（東京国立博物館）によって計12図存在していたことが知られている。うち夏珪に倣った1図が平成29（2017）年に山口県立美術館で初めて一般公開され、現在7図（うち6図が重文指定）の所在が明らかになった。これら一連のものから推量すると、雪舟は作品を忠実に模写し、画法・画体をそのまま模倣するというよりむしろ自身の解釈を加えて換骨奪胎し、新たに自己の様式として確立しようと試みていたのではあるまいか。ここに雪舟の創作的要素を認めることができる。また、これらが描かれた背景として室町時代の水墨画制作においては、特に中国画家の筆様が重視され、彼らに倣った作品の需要が多かったことが関係しており、いかに渡明経験のある雪舟といえども、宋元名家の真蹟を実見する機会は限られる以上、これらを絵手本的なものとして手元に蓄え、注文者との協議に、また自作や門弟たちの作画の参考に供したのであろう。そして雪舟はこの玉澗の潑墨技法を咀嚼して描いた本図を踏み台に、76歳時の≪破墨山水図≫へと進化していったのである。

この≪破墨山水図≫の上のすぐ部分には、雪舟が自ら筆を執り、制作の経緯や入明時のこと、さらには日本で師事した画家についての所信を語っている。室町時代の画家の言葉が記された例は稀であり、ましてそれは雪舟の肉声そのものである。彼の人間性を推量する上で、恰好の手掛かりとなるだろう。

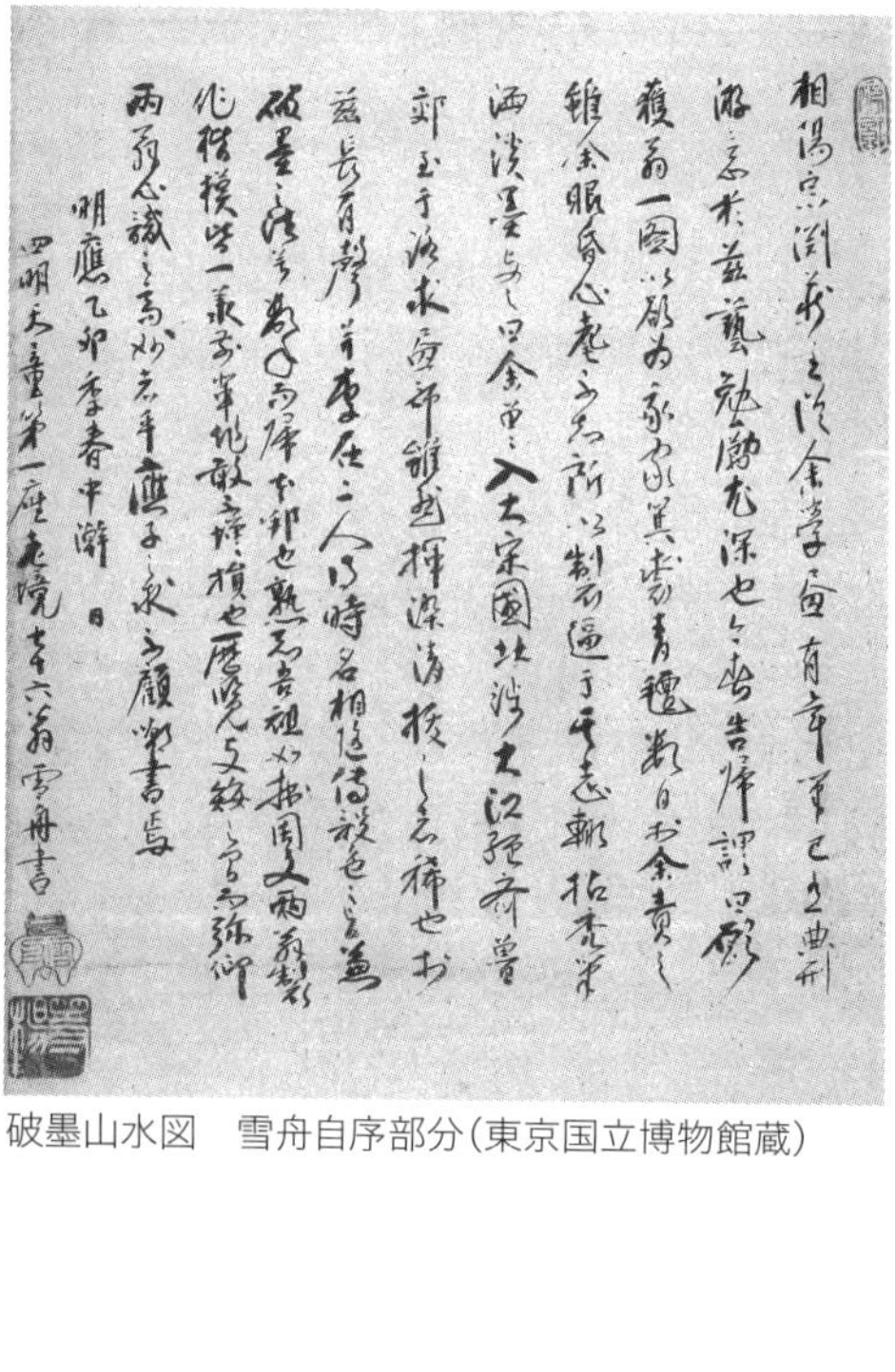
破墨山水図　雪舟自序部分（東京国立博物館蔵）

「雪舟」自序

相陽宗淵蔵主従余学画有年、筆已有典刑、游意於茲芸、勉励尤深也、今春告帰謂日、願獲翁一図以欲為我家箕裘青氈、数日於余責之、雖余眼昏心耄、不知所以製、逼于其志、輒拈禿筆洒淡墨、与之曰、余曽入大宋国、北渉大江経斉魯郊、至于洛求画師、雖然揮染清抜之者稀也、於茲長有声並李在二人得時名、相随伝設色之旨兼破墨之法兮、数年而帰本邦也、熟知吾祖如拙周文両翁製作楷摸、皆一承前輩作、敢不増損也、歴覧支矮之間、弥仰両翁心識之高妙者乎、応子之求不顧嘲書焉

明応乙卯季春中澣日、四明天童第一座老境七十六翁雪舟書

大略を意訳する。

鎌倉から（山口に）やってきて絵の修業に励んだ宗淵がいよいよ帰ることになった。宗淵は、先生（雪舟）の絵を頂いて宝物としたいと日々せがむのだが、私は眼もかすみ気力も衰えて描くことができなかった。しかし宗淵の熱意に迫られて、ちびた筆を執り淡墨を注いで一幅の絵を描き与えて、次の言葉を添えた。私はかつて大宋国（正しくは明国）へ旅し、揚子江を渡って都（北京）へ入り、画の師を求めた。だが、画技にすぐれた者はほとんどいなかった。その中では長有声と李在の二人が高名であったので、彼らに「設色（賦彩）の旨」と「破墨（水墨）の法」とを学んだ。数年後に帰国して、私が師と仰ぐ如拙・周文の両翁が、先人の作風をきっちりと受け継ぎ、敢えてそれに付け加えたり、損じたりしていないことがよく分かった。中国と日本とを見渡して、ますます両翁の見識の高さを知ったのである。弟子の求めに応じて恥ずかしながらこれを書き記す。

明応乙卯（1495年）季春中澣（陰暦3月中旬）日
四明天童第一座老境七十六翁雪舟書

雪舟は以上のように書いたが、老化して衰えた様子はどこにも見受けられない。また、中国（明）には良き画師はいなかったとするも、実際は自序に登場する「李在」や彼に先行する戴進（1388～1462）らの影響を受けている。つまり、この文章は帰国後、25年ほど経過した時点での見解であることを念頭に置いて読み解く必要がある。加えて、雪舟にはこの作品を京都五山の高僧たちに披瀝しようという意図があったことも見逃してはならないだろう。本図を受け取った宗淵は鎌倉への帰途、京都に立ち寄り2年ほど滞在し、その間に彼は五山の住職や住職経験者ら6人に本図を見せて賛詩を求めた。宗淵はあらかじめ用意していた紙に書いてもらい、それを本図の最上部に貼り付け、ようやくこの《破墨山水図》は現状の姿に仕上がったのである。想像をたくましくすれば、雪舟には彼ら京都の禅林社会の錚々たる有力者たちに対してこんなメッセージを届けたのかもしれない。「かつてあなた方や先輩たちは、私を評価しなかった。しかるに、私は禅についても画においても本場の中国で認められた存在となった。」そう訴えかけたのではあるまいか。「四明天童第一座」との款記は、日本では首座、書記、蔵主の次の位の「知客」に過ぎなかったが、中国の五山の一である天童景徳禅寺では修行僧として最上位の「第一座（首座）」に任ぜられたのだとアピールする。画もわが国で最も重視されている中国画家・玉澗の作風に倣って、完成度の高い作品に仕上げている。こうしたことを見せつけるような提示をする一方で、日本の如拙や周文といった先生方は今の中国の画師より優れていると持ち上げ、中国滞在中に見たもの、感じたこと、学んだことなどについては、あえて矮小化することで、全体の釣り合いを取ったようにも思われる。少々うがち過ぎであろうが、雪舟をあらゆるものを捨て、ただひたすら画業に励んだ聖人と理解するより、さまざまな葛藤の中でコンプレックスを克服しながら逞しく成長していった人物と考えたい。

さて、もうひとつは82歳時の作「渡唐天神図」である。これは日本の学芸の泰斗である菅原道真、すなわち天神がはるばる中国の地に渡って仏鑑禅師無準師範のもとへ参じ、禅を修行したという説話に基づく作品。雪舟以前の渡唐天神図は、概ね礼拝像としての性格を強く保持し、直立正面向きで梅の枝を持つという定型で表され、図上には賛詩が賦されるのが通例であった。しかし、雪舟は本図において表現を一新した。松の根元に腰を下ろした天神は斜め右方向に顔を傾け、礼拝の対象であることを拒否するかのような素振りを示し、賛文が記さ

渡唐天神図（岡山県立美術館蔵）

れるはずの空間は梅と松の枝で覆い尽くされる。それらは人物表現から神性を象徴するものを取り去り、画中から文学的・宗教的要素を排除する試みであったと思われる。彼は禅僧が詩作をするための手がかり、いわばイメージ画像として制作されてきた天神画像を純粋な表現対象として画家の手に取り戻し、詩僧が画僧の上位にあるという当時の観念を打破した革新的な表現者であった。それほど、当時としてはこの作品の図像の特異さは際立っている。雪舟は中国画学習に精力を費やす一方、その祖述に陥らず、常識とされてきた図像に対しても革新的、革命的な一面を発揮していたことが、これらの作品を知るだけでも十分に伝わることだろう。

雪舟の美術史的意義

雪舟の美術史的意義を考察すると、画の題材が山水・花鳥・道釈人物・肖像・風景写生と豊富であることが大きな特徴といえる。山水では67歳時の《山水長巻》や76歳時の《破墨山水図》があり、花鳥では《四季花鳥図屏風》（重文　京都国立博物館）、道釈人物では77歳時の《慧可断臂図》（国宝　斉年寺）、肖像では《益田兼堯像》（重文　益田市雪舟の郷記念館）、風景写生では《天橋立図》などがよく知られている。つまり、雪舟はどのような画題も容易にこなす。雪舟以前の水墨画を手掛ける画僧たちは、自分の得意とした画題、特定のテーマのみ描いていた。しかるに雪舟は禅僧ではあるものの、職業的、専門的な画家としての性格を色濃く醸し出している。

次に、宋元画を中心に古画を学び、中国大陸に渡って当時の明画も吸収し、水墨・着色の両面で描法を多様化させた点も重要である。雪舟が宋・元・明画の摂取を試みたことは、先の《山水図（倣玉澗）》などの例でも明らかで、水墨画だけではなく《四季花鳥図屏風》のように着色の大画面にも挑戦している。しかもその描法といえば、作品に応じて書道でいう真（楷）・行・草を自在に操り描き分けている。南宋の画家・夏珪の筆法に似た《山水長巻》は楷体であり、玉澗に学んだ《破墨山水図》は草体、その中間が行体となる。

また晩年の作には多く款記し、印章を捺すことで画家としての自立性を明確にした点も前代とは異なる。冒頭に挙げたように師の周文は、自作に署名・捺印をすることができなかった。詩僧は堂々と署名、捺印をしていたにもかかわらず、画僧の地位は低く、存在を明らかにすることを許されなかったのである。だが、雪舟は《山水長巻》以降、70歳を過ぎると多く文学や宗教の力を借りず、落款・印章で自作であることを表明し、「画」の力を以て世間と対峙した。それは、画家の存在意義を高めたことに他ならず、後世の画家たちにとっては、雪舟は恩人であるという意識を抱かせる一因となった。

そして教育者としての側面も無視できない。山口に在った雪舟の画房雲谷庵（軒）へは全国各地から門人たちが参集し、その膝下から薩摩出身の秋月等観、鎌倉から訪れた宗淵、そして二代目庵主となったとされる周徳ら優れた画家が輩出したことは大きな功績といえる。彼らの活躍は雪舟の画名を高めると同時に雪舟画系の全国展開に繋がっていく。

おわりに

雪舟の影響力は、在世時以降も全国津々浦々に及んでいった。そこで雪舟の画系に連なる画家たちのことを総称して雪舟流と呼び、また雪舟派とすることがある。したがって、雪舟流には雪舟に直接師事した画人だけではなく、桃山時代に「雪舟末孫」を標榜した雲谷等顔を祖とする雲谷派や、「雪舟五代」を自称した長谷川等伯の一派なども含まれる。さらに江戸時代になって編纂された各種の画伝類は、おびただしい数の雪舟流画人の名前を記している。それは狩野派をはじめとする諸派による雪舟イメージの理想化の進展、それに伴う雪舟ブランドの普及によって雪舟画法受容の有無や粗密にかかわらず、その実態が不詳であった場合でも雪舟流に組み込まれていった画人が多数存在したことから生まれたものと理解し得る。雪舟が大きな存在感を示したことで、雪舟画の影響が同時代のみならず後世の画人にまで広範囲に及んだことで、彼は画聖と称えられるに至ったといえるだろう。

註1　『本朝画史』狩野永納（1697年没）編　『訳注本朝画史』（笠井昌昭編　昭和60年刊　同朋舎）所収
註2　『看聞御記』応永28年2月18日の条に前年の記事がある。
註3　『老松堂日本行録』宋希璟　同年4月20日兵庫上陸。
註4　『吉備物語』吉岡信元（1695没）編　『増補吉備物語』（『吉備文庫第三輯』昭和5年刊　野田実編　山陽

新報社）所収

註5　『遠碧軒記』黒川道祐（1691年没）編　（『日本随筆大成』10巻所収　1975年刊　吉川弘文館）所収

「千畝周竹と『也足外集』雪舟の前半生に関わる記述を中心として」大島千鶴　『天開圖画』創刊号所収　1997年刊　雪舟研究会編　山口県立美術館

註6　『東福寺誌』白石虎月編　1930年刊　思文閣

註7　「雪舟等楊と拙宗等揚」松下隆章『日本美術協会報告』40　1936年刊

註8　「拙宗等揚について—雪舟等楊と関連して」田中一松『三彩』75号所収　1956年刊

註9　『雪舟旅逸の画家』宮島新一　青史出版　2000年刊

註10　「雪舟—「山水長巻」以前」島尾新『国華』1275号所収　2002年刊

註11　「新出の長禄元年「雪舟二字説」について」福島恒徳『天開圖画』7号所収　雪舟研究会編　山口県立美術館　2008年刊

なお本稿は、総社市観光大学での講演内容をまとめたものであるが、底本となるのは拙稿「雪舟の誕生地と出自」（『天開圖画』第3号所収　雪舟研究会編　山口県立美術館　2001年3月刊）、及び「雪舟の出自」（『雪舟等楊—「雪舟への旅」展研究図録』山口県立美術館雪舟研究会編　中央公論美術出版　2006年刊）であり、それに近年の研究成果を加えて成稿としたものである。

コラム

井山宝福寺

小鍛治 一圭（宝福寺住職）

井山寶福寺《ほうふくじ》は、臨済宗東福寺派の禅宗寺院である。

「寶福寺小誌」によると、もと天台宗の千有余年の古道場であった。創立の始祖は、日輪大阿闍梨《あじゃり》と伝えられている。

後堀河天皇の御代、貞永元（1232）年に鈍庵《どんあん》和尚が、現在の地に伽藍《がらん》を建立した。

時の御帝四条天皇の御病気平癒の加持を命ぜられた鈍庵和尚は、新たに檀を築き懇祷すること17日、満願の暁に客星が檀前に落ちた。その檀を「礼星檀」と名付け、客星が落ちたところに井戸を掘り、「千尺井」と呼んでいる。これによって天皇の御病気が平癒され、荘園三千石を賜る。また勅願寺とされ「寶福護国禅寺」とされ、国家鎮護を祈るよう御宣旨を戴《いただ》いた。

建久2（1191）年栄西《えいさい》禅師が、宋より帰朝し臨済禅を伝え

山門

た。後50年、仁治元（1240）年宋より帰朝した聖一国師は、九条道家の願によって東福寺を開き禅風が普及した。鈍庵和尚も上洛し聖一国師について禅法を修業し、ついに寶福寺を禅宗に改宗した。さらに師の弟子、玉渓《ぎょっけい》和尚を賜り、禅宗となった寶福寺開山第1世とし迎えた。自らは満足庵を建て隠居する。鈍庵和尚入滅後、玉渓和尚は鈍庵和尚の本分を忘れざるがために、鈍庵和尚を開山と仰ぎ自らは第2世となる。そして、聖一国師の弟子無夢《むむ》和尚をむかえ第3世としている。また無夢和尚は、宋に渡り30年、禅を究め帰朝、準開山とされている。玉渓和尚、無夢和尚、2師によって大いに宋風を振るい、西布教の1拠点として東福寺派中本山とされた。塔頭寺院55カ寺、山外末寺300余と隆盛を極めたと伝えられている。

禅堂

　また寶福寺は、修行の専門道場でもあった。伽藍の中に「禅堂」という修行生活で最も大切な場所がある。

　観光大学では、その禅堂で修行の中心である坐禅の体験を行っている。初めての方でもできるように坐り方だけでなく歩き方、禅堂への入り方など分かりやすく説明する。そして坐禅は誰でも体験できる

(※写真①) 叉手当胸

ことをまず説明する。

歩き方は「叉手当胸」（※写真①）といって右手を下、左手を上にして胸にあて、1列で列を乱さぬよう真剣に歩く。つまり、歩いている時も実は坐禅と同じである。歩いている時も修行である。

禅堂に入ると、坐禅布団に坐る前に履物を脱いでそろえる。まず足元から正す。

坐禅は、「調身、調息、調心」といい三つのことを調える方法である。

まず、「調身」とは身体を調えることである。正式な坐り方は、右足首を左太腿へ、左足首を太腿にあげ足を組む。しかし、難しい場合は、右でも左でも片足首だけ太腿にあげる。または正坐でも構わない。足が痛い場合は椅子でもできる。足を組んで坐ることよりも大切なことは、姿勢を正して坐ることである。背筋を伸ばして顎を引き、頭の先をできるだけ上にのばして坐る。

手は、親指以外の4本の指をそろえ、右手を下、左手を上にして指だけ掌《てのひら》を上に向けて重ねる。そして親指だけを合わせ半円をつくる。組んだ手を下腹のあたりに置く（※写真②）。次に眼だが、1度完全に閉じて半分だけ開ける。そして、頭が下がらないように視線だけを1メー

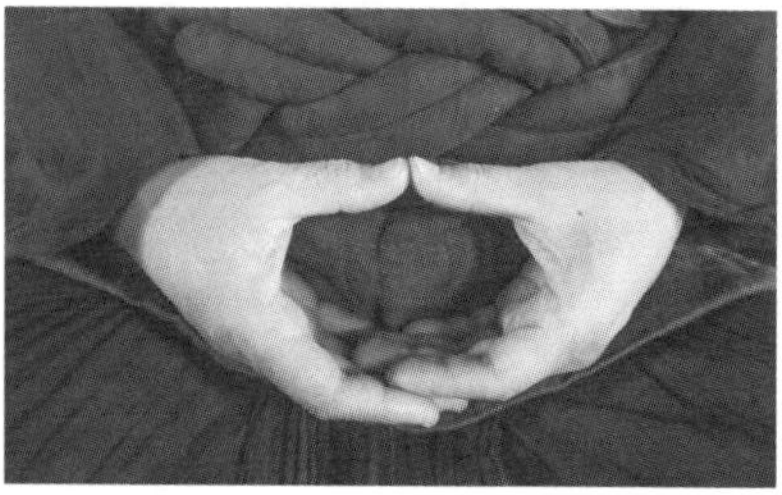

（※写真②）

トルほど前方に落とす。これを「半眼」といい、坐禅中は決して眼を閉じない。以上が「調身」である。

次に「調息」である。「息」とは「呼吸」である。つまり、呼吸を調えることである。坐禅の呼吸法の一つに「数息観」がある。初めての方にはいちばん良いとされている。まず、集中してできるだけ息をはく。そして、ゆっくり息を吸う。これを「1」と数える。また息をはいて吸うを「2」、また息をはいて吸うを「3」という感じで「10」まで数える。そして「10」まで数えたら、また「1」にもどる。これを坐禅中繰り返しおこなう。その時の呼吸はできるだけ長く音をたてずにゆっくりとおこなう。ゆっくりとした呼吸を一つひとつ丁寧に数えることだけに集中する。

身体を調え、呼吸を調えることができれば自然と落ち着いてきて最終的に「調心」つまり「心」が調うことができる。この「心」を調えるために坐禅の修行をおこなう。

専門道場の生活は、毎朝3時起床。朝課という朝の諷経《ふぎん》後夜明けまで約2時間坐禅する。日中は、掃除、托鉢、作務など様々な修行があるが、日没より午後9時まで禅堂に入り坐禅する。午後9時で1度消灯するが、午後9時以降は「夜坐」といって坐禅布団を持って御堂の縁側などの外に出て夜中まで坐禅する。寝る時間を削り坐禅に取り組む。道場での睡眠時間は平均3時間程度しかない。1日平均8時間以上、1日の3分の1以上を坐禅に充てる。しかし、それでも坐禅の時間が足りないので年に7回、

1回1週間の「行」に入る。この1週間は托鉢や作務、掃除もしてはいけない。風呂にも入らず着替えもしない。とにかく坐禅だけに集中できる1週間の「行」を行う。

この「行」は、夏3回、冬4回行う。その冬の1回は特別で12月1日から12月8日の明け方までの1週間を1日とし坐禅に取り組む。普段は夜中3時間だけ寝るが、この1週間はその3時間も坐禅する。つまり、1週間1度も横にならず坐禅三昧になる大切な「行」になる。この年に7回の修行を「大摂心《おおぜっしん》」という。

「大摂心」の「摂」とはもともと「攝」という字で「聶」は「ばらばらなもの」をあらわす。「攝」は「ばらばらのものを手でつかむ」という意味になる。「大摂心」とは「ばらばらの心を手でつかむ」、心を調える修行である。

つまり、「調身、調息、調心」の坐禅は「心」を調え、その「心」を見つけることである。

禅宗の始祖達磨大師は壁に向かって9年間、自己の心を見つめ坐禅の修行をした。その達磨大師は「直指人心、見性成仏」と説かれた。「自分自身の仏の心を指し示し、見極め自分が仏になる」という意味である。

「仏」とは「悟りをひらいた人」の意味で、分かりやすく言えば「完成された人格者」である。「成仏」仏に成るとは、完璧な人間になるということである。達磨大師は坐禅の修行

秋の境内

し「仏の心」を自分の中で発見し「仏」になれ、と説いている。つまり坐禅は「仏」に成るための実践方法である。

「悟り」とは他に求めようとするが、実は生きとし生けるもの皆持っていて自覚していないだけである。達磨大師の説く「直指人心」は他に目を向けるのではなく「悟り」は自己の中にある。それを発見できれば「より良き人間」に成ることができる教えである。

聖一国師は「東福聖一国師の法語」の中で次のように説かれている。

「一時坐禅すれば、一時の仏
一日坐禅すれば、一日の仏
一生坐禅すれば、一生の仏」

つまり坐禅している時は皆「仏」に成れる。坐禅すればした分「仏」に成ることができるという教えである。

坐禅は修行僧だけが行う特別なものではなく、誰でもできる「より良き人間」になるための方法である。

一人一人が「より良き人間」に成ることができれば、この世の中も「より良き世界」となり、より良き生活をおくることができるであろう。より良き人生にするためにぜひ生活の中に坐禅を取り入れていただきたい。

第四章

「吉備津」の能

金関　猛（岡山大学名誉教授）

『吉備津宮』は吉備津神社と温羅《うら》伝説にちなむ能である。この能は長らく演じられていなかったが、平成29（２０１７）年5月に岡山後楽園能舞台で復曲公演された。これについて述べる前に、まず能全般について概説しておきたい。

能について

能の伝統

能は長い歴史をもつ日本の伝統的な演劇である。声楽、器楽が重要な役割を果たす音楽劇であり、また音楽を伴奏に舞が舞われることも多い。能については、６００年、あるいは７００年の伝統をもつと言われることが一般的である。それは、今の能の原型が形成されたのが南北朝時代から室町時代初期であり、現在、演じられるほとんどの謡曲—能の戯曲—が書かれたのが14世紀後半から16世紀頃であるからだ。その頃、能は猿楽と呼ばれていた。そして、猿楽自体の起源をたどれば、奈良時代の散楽にまで至る。さらに、散楽から猿楽が成立する流れにおいて、太古から伝えられたさまざまな芸能がそこに合流していった。こうした観点で考えると、能楽には１０００年以上の伝統があると言うこともできるだろう。他方、現在の能の上演スタイルは、幕末から明治初期にかけて確立された形式を継承したものである。そもそも猿楽が能楽とか、能と呼ばれるようになったのは、明治以降のことだ。室町時代に猿楽がどのような様式で上演されていたのかは、録画も録音もない以上、正確にはわからない。しかし、現在のスタイルとはかけ離れたものであったと推定されている。当時の番組（プログラム）を見ると、一日の一定時間内に、現在ではありえないほど多くの能が上演されている。つまり、一曲の上演時間は今よりもはるかに短く、今日の能と比べると、ずっと速いテンポで演じられていたと考えられる。室町の能は、舞も、所作も、音楽も今とはまったく異なっていた。この点に注目すれば、能には幕末から数えて１５０年あまりの伝統しかないという言い方も成り立たないことはない。しかし、一般にそうは言われず、もっぱら室町時代からの伝統があるとされているのは、やはり、その頃に活躍した観阿弥、世阿弥父子が能楽史において決定的な役割を果たしたからだ。

観阿弥と世阿弥

観阿弥は正慶2（1333）年に生まれ、至徳元（1384）年に没した。結崎座という猿楽の劇団の俳優で、一座の座長でもあった。観阿弥の功績は、猿楽の上演スタイルを大きく変えたこと、そして、優れた謡曲を書いたところにある。もともと猿楽は台詞のやりとりを中心とする滑稽な笑劇だった。鎌倉時代の末期から、しだいに音楽的な要素を取り入れていったが、観阿弥はさらに音楽に合わせて舞を舞うという猿楽を創作した。当時、曲舞《くせまい》という歌舞芸能が流行しており、観阿弥はこの曲舞を取り込んだ猿楽を上演して人気を博したのである。また、戯曲作家としての観阿弥は『自然居士《じねんこじ》』、『卒塔婆小町』、『通小町《かよいこまち》』といった作品を書き残している。これらは、のちに改作の手が入ったようであるが、今も人気曲として上演されている。観阿弥以前に謡曲を創作した作家は知られておらず、その意味で観阿弥の名は最古の謡曲作家として歴史に刻まれている。

観阿弥にはもう一つの功績、「最大の」と言えるかもしれない功績がある。それは息子の世阿弥を天才的な演劇人に育てたことだ。世阿弥は貞治2（1363）年に生まれ、嘉吉3（1443）年に没したと推定されている。世阿弥は観阿弥の創出した猿楽の流れを受け継ぎ、さらにそれを芸術性の高い演劇へと洗練した。そのことによって、当時の文化人に享受される能―世阿弥は「猿楽」という用字を嫌い、「中楽」と書いたが、本稿では混乱を避けるため、これ以降「能」と表記する―を創造したのである。世阿弥の後援者となったのは、当時の最高権力者、三代将軍足利義満だった。世阿弥はその美貌によって、つまり俳優として将軍とその取り巻きの人々を魅了し、さらに、そうした観客の高度な教養に見合った謡曲を創作した。また、『風姿花伝』をはじめとする数々の演劇論を著述した演劇理論家でもあった。それらは演劇の本質をとらえた論考であり、現在の演劇を考えるうえでも高い価値をもつ。そして、世阿弥は観世座―もとの結崎座―の座長でもあった。

世阿弥の作品

現在、世阿弥作と確定された作品は20曲以上上演されている。いずれも名作としての評価が高い。観阿弥が能に歌舞的要素を大胆に取り入れたとはいえ、そこにはセリフ劇としての猿楽の伝統がなお色濃く残っていた。観阿弥作の謡曲の特色は登場人物間のセリフのやりとりの面白さにもある。それに対して世阿弥の能においては、セリフのやりとりよりは、詞章―謡曲の言葉―の詩的な美しさが重視される。また、『平家物語』や『伊勢物語』などよく知られた古典に題材をとった作品が多いという特徴もある。それらの古典的名作に依拠した作品を創作することにより、世阿弥は夢幻能というジャンルを確立した。これも世阿弥の功績の一つである。次に、世阿弥作で、夢幻能の代表作とされる『井筒』を紹介しておこう。

ある旅の僧が在原寺を訪れる。それは、その昔、在原業平と紀有常《きのありつね》の娘が夫婦として住んだと伝えられる場所である。僧がその寺で瞑想に耽っていると、夜明け前に若い女が現れる。女はこの里の者であると言う。そして、女は僧に請われて、業平とその妻の故事を語って聞かせる。それは『伊勢物語』の「井筒の女」の話として知られる物語である。語り終えた女は、じつは自分こそがその物語に登場する女であり、その亡霊なのだと告げて姿を消す。僧はその場所で二夜目を過ごす。僧は眠りに就き、その夢の中に業平の妻「井筒の女」が現れる。女は業平の形見の冠を被り、直衣をまとって、つまり男装で舞を舞う。そして、舞い終えると、女は井戸を—舞台上には井筒を表す簡素な道具（作り物）が置かれている—のぞき込む。水には自分が映っているのであるが、男装の女がそこに見たのは業平の姿だった。女は遙かな昔に喪った愛する男に再会する。そして、夜が明け、僧の夢が破れるのとともに姿を消す。

夢幻能はワキ—脇役、『井筒』の場合は旅の僧—の夢の中に、シテ—主役、『井筒』では「井筒の女」—が現れるという形式の能である。『平家物語』に基づく夢幻能であれば、シテは多くの場合は敗北して死んだ平家の侍で、その亡霊がワキの僧の夢の中に現れ、合戦の様を再現するという内容になる。夢や幻、あるいは遙かないにしえの思い出を描き出そうとする世阿弥の能は、日常の現実とはかけ離れたところへ観客を誘う。世阿弥はそうした能の美の理想を幽玄と呼んでいた。『井筒』は幽玄の能の傑作である。

創造、洗練、継承の時代

世阿弥の能の芸術性や人間の心の真実を表現しようとする傾向は、息子の観世元雅や娘婿の金春禅竹に受け継がれる。他方、時が経つにつれ、時代の変化のなかで、まったく異なる傾向の能が好まれるようになる。15世紀後半から16世紀初頭にかけて活躍した観世信光の能は華やかで、見た目におもしろく、ドラマティックな展開をもつ。信光作の『船弁慶』や『紅葉狩』は現在も繰り返し上演される名作である。確かに世阿弥の能のような夢幻的な詩情を欠くが、だからといって演劇としての価値が劣るわけではない。その時代の人々がそうした能を求めていたのである。しかし、そののち近世以降、能はしだいに創造的な活力を失っていったようだ。これ以降も謡曲は創作されているが、繰り返し演じられるような作品は少ない。やはり南北朝から室町時代にかけてが能の創造期であったと言えるだろう。

江戸時代になると、能は武家の式楽としての地位を得る。つまり、幕府や諸藩の公式行事において能の上演がしきたりとなり、能楽師は将軍や諸大名のお抱えとなったのである。そして、抱えられたのは能楽師のそれぞれの家であるので、終身雇用どころではなく、子々孫々に至るまで身分が保障されることになった。そして、能楽師は能を上演するばかりではなく、侍に謡―声楽―や仕舞―能の舞―を教えた。謡や仕舞は侍が身につけるべきたしなみとなった。すなわち、能楽師は能についての知見をそなえ、また高い技量を身につけた侍たちを観客として舞台に立つことになったのである。当然のことながら、舞台に立つ者は観客以上の技量をそなえていなければならない。能楽師は芸に磨きをかけることに専心した。また、観客の嗜好に合わせて能の雰囲気は荘重なものとなっていった。世阿弥が洗練された、芸術的な作品を創作したとはいえ、その当時の演じ方は今から見るとおそらくかなり荒削りなものであっただろう。そこには今日の能とは別の魅力があったにちがいない。江戸時代に式楽とされることで観客は侍に固定され、さらに、さまざまなしきたりに縛られて、能は演劇としての力を失ったという評価もある。しかし、その反面、世阿弥の理想とした幽玄の能はむしろこの時代に実現されたとも言えるだろう。江戸時代は能の洗練の時代であった。

その洗練がきわみに達したのが幕末であり、今の能は前述のとおり、その頃の能の様式を継承している。明治維新によって、幕藩体制が崩壊すると、それまで将軍や大名家のお抱えになっていた能楽師は後援者を失い、一時は能の存続さえ危ぶまれるような事態になった。しかし、その後、世の中が落ち着いてくると、とりわけ岩倉具視が中心となって能の存続、発展に尽力した。その努力のかいもあって、能は多くの文化人の支援を得て、ふたたびかつての隆盛を取り戻した。そののち第2次世界大戦直後にはまたも危機に見舞われることはあったが、その後、日本文化の神髄として国際的に注目されるようになった。そして、平成20（2008）年にはユネスコ無形文化遺産に登録され、現在に至っている。能は国際的に人類の文化財として認知されたのである。しかし、演劇である以上、「遺産」であってはならない。今後も、観客に生きた感動を与える舞台芸術であり続けるべきだろう。

現在の能

①能舞台

能は能舞台という特殊な舞台で演じられる。現在、多くの能舞台は能楽堂という現代的な建物の中に据えられていて、観客は座席にすわる。能楽堂の中の能舞台も屋根に覆われているのは、もともと能が野外劇であった頃の名残だ。能楽堂の中にあるのだから、屋根にもはや実用の意味はない。しかし、それでも屋根とそれを支える4本の柱を残しているのは、屋根と柱で囲まれた空間が日本の伝統の中である特別な意味をもっているからだろう。大相撲の土俵にももともと4本の柱があったが、これはあまりに危険なので、撤去された。しかし、それでも土俵の上には建物の天井から屋根が吊り下げられている。

4本の柱で囲まれた正方形は本舞台と呼ばれ、一辺はおよそ6mである。演技がなされ、舞が舞われるのは、おもに本舞台である。見所《けんじょ》―観客席―は本舞台の正面だけではなく、左側（ワキ正面）にもあ

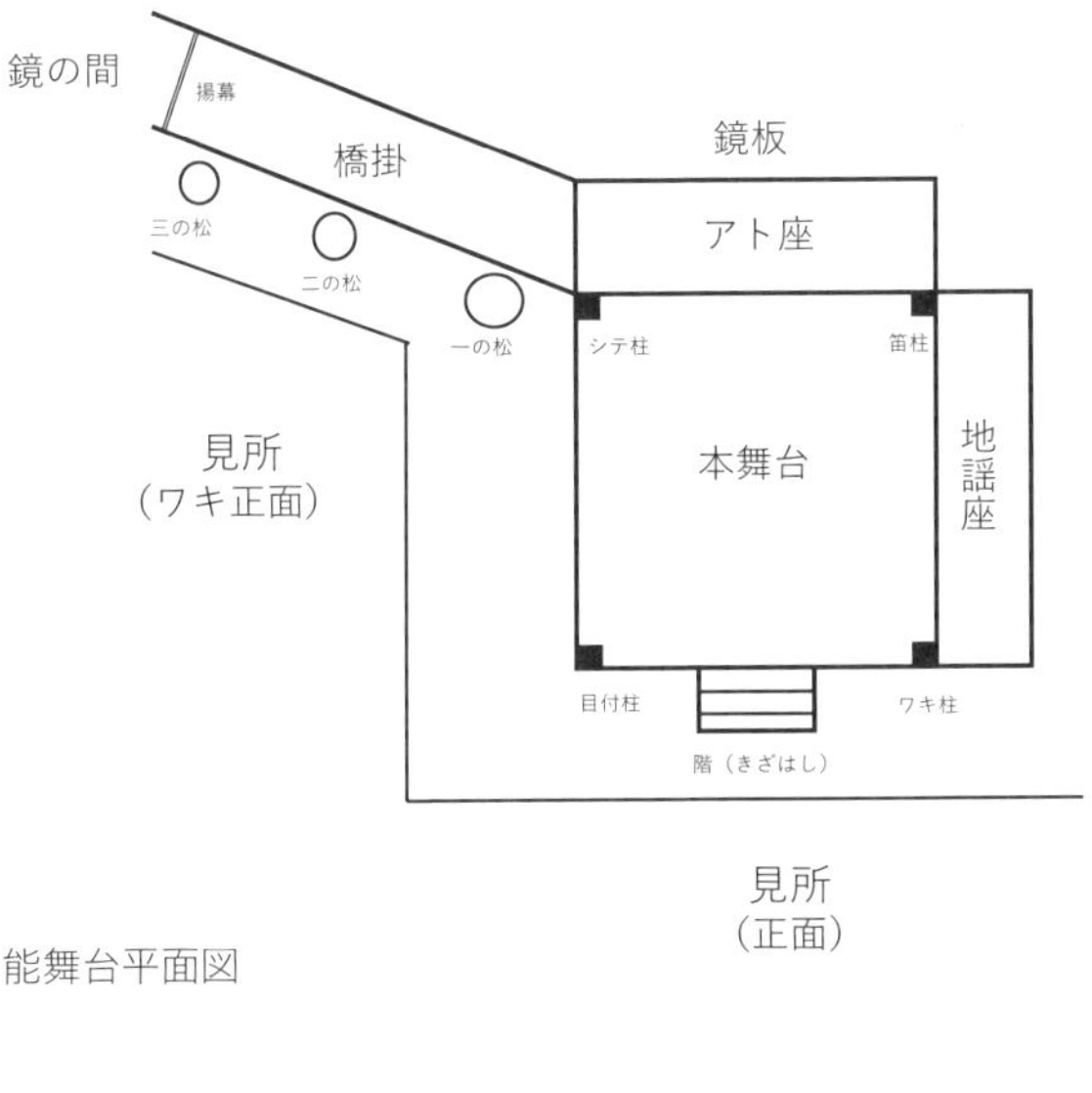

能舞台平面図

る。本舞台の後ろにアト座と呼ばれる部分があり、ここに囃子方—器楽担当者—がすわる。アト座の後ろには鏡板があって、そこには老松が描かれている。本舞台右側には通常8人からなる地謡—合唱隊—がすわる地謡座という長方形の部分がある。アト座から左斜め後方に向かって橋掛《はしがかり》が伸びるのが能舞台の特徴である。橋掛は囃子方や俳優の登退場の通路になるが、ここでも演技がなされる。というより、そもそも能においては、俳優の登退場、あるいは、登場人物としての何者かが現れ、消え去ることが観客に深い印象を刻むことが多く、その点でも橋掛は重要な役割を果たす。橋掛の左端には揚幕《あげまく》と呼ばれる五色の幕が掛かっている。そして、その向こうに鏡の間と呼ばれる部屋がある。楽屋で装束を身につけたシテは、鏡の間に掛けられた大きな鏡の前で面をつけ、登場の前、しばし鏡に映った自分の姿を見つめる。

国立能楽堂能舞台（国立能楽堂提供）

②能楽師

能楽師は能という演劇を作り出す仕事をする人々である。伝統的には男性に限られていたが、現在はプロとして活躍する女性の能楽師もいる。能楽師はシテ方、ワキ方、狂言方、囃子方（笛方・小鼓方・大鼓方・太鼓方）から成り立つ。ここで言う「方」は「組」、「集団」を意味する。

それぞれの方にはまた流派がある。たとえば、シテ方には、観世流、宝生流、金春流、金剛流、喜多流の五流がある。シテ方の能楽師の役割としては、

シテを演じる。

ツレを演じる。ツレはシテに従属する脇役だが、シテと対等の役となることもある。

地謡で謡う。地謡は合唱隊で、状況説明をしたり、登場人物の心情を謡う。

シテを舞台で補助する後見を務める。

等々がある。ワキ方の役割は脇役を演じることにある。ワキは修業を積むとワキの名手となるのであり、修業の結果、ワキがシテとなることはけっしてない。ワキがワキツレを従えることもある。ワキツレはワキに従属する脇役である。ワキやワキツレが演じる登場人物は現実の生きた男に限られており、女や亡霊といった役を演じることはない。能においては狂言方も重要な役割を果たす。夢幻能に限らず、多くの能は、はっきり前場《まえば》―前半部―と後場《のちば》―後半部―に分かれる。そして、前場と後場のあいだにアイ狂言が挿入される。シテの中入り―退場―で前場が終わると、狂言師が登場してワキと言葉を交わし、物語を語って聞かせるというのがアイ狂言の一般的な形式である。その物語は、前場で語られたのと同内容だが、前場での語りが、きわめて詩的、美的であるがゆえに、また意味がとりにくいのに対し、アイ狂言の語りは散文的でわかりやすい。夢幻能の場合、アイ狂言で登場するのは里の男という場合が多い。アイ狂言により、観客は前場の内容を把握し直し、また幻のような世界からいったん現実の世界に引き戻される。狂言方は、ア

イ狂言とは別に狂言―アイ狂言との区別で言えば本狂言―を演じる。現在、能の公演では、能が2番か3番上演されるのが普通だが、能と能のあいだに狂言が演じられる。狂言は短い喜劇で、観能の緊張から観客を解放する。今日では、狂言は能から独立して、狂言のみの狂言会が催されることも多い。囃子方は笛、小鼓、大鼓、太鼓からなるが、このうち、太鼓が登場するのは、華やかで勇壮な能、あるいは鬼などが現れる激しい能に限られる。

③能面

能と聞いて、多くの人が想い起こすのは能面だろう。能面は「めん」、あるいは「おもて」と呼ばれ、「おめん」と言われることはない。面は能における重要な要素だが、面をつけて舞台上に登場する役者は限定されている。シテやツレの演じる登場人物が、生きた現実の男である場合は、直面《ひためん》である。つまり、面をつけないことになっている。またワキはつねに直面である。たとえば、『安宅』という能のシテは弁慶、ツレは9人いて、義経の家臣、ワキは関守の富樫である。義経その人は、これも能の演出の特異なところであるが、子方―子ども―によって演じられる。これらはすべて生きた現実の人々であり、全員が直面である。逆に言うと、面で表現されるのは、神、亡霊、妖怪変化等、原則的に異界の者である。ただし、女を演じる場合は、現実の生きた女であってても面をつける。とはいえ、能に登場する女は、亡霊等ではなくとも、貴女、遊女、狂女等々、やはり日常界ではなく、異界の者という性格を帯びることが多い。実際、面をつけた役者が舞台上に現れると、観客は何かこの世ならぬ者が現れたという印象をもつ。さらに、世阿弥は、『風姿花伝』で、直面の場合も顔の表情で演技してはならないと諌《いさ》めている。つまり、自分の素顔を仮面のように扱って演技することが求められるのである。実際に面をつけて舞台に登場する役者は限定的であるとはいえ、『風姿花伝』での要請は現在の能に受け継がれており、その意味で、能は本質的に仮面劇である。

能面は老人、女、神霊、怨霊等々を表す面に分かれている。さらに、たとえば女面は若い女、中年の女、媼に分かれ、そのなかの若い女の面も、まだあどけなさの残る女からもう少し大人びた表情の女までさまざまな種類があり、それぞれ面の名前が定められている。現在、能面の種類はおおよそ250にのぼる。流派によって、それぞれの能でどの面を用いるかが定められてはいるが、それは目安であって、実際にどの面を使うかは、公演ごとのシテの考えによって決まる。

先ほどから、「面をつける」という言い回しを用いているが、能面については、「つける」あるいは「かける」と言い、「面を被《かぶ》る」とは言わない。それは、おそらく能面の小ささとかかわるのだろう。能面は人の顔よりも小さく、それを覆《おお》うほどの大きさはない。面は顔につける、あるいはかけるものなのである。そのことにより、観客は、能面が表現する登場人物―たとえば、若い女としての「井筒の女」―と同時に、それを演じる男性の俳優の顎や頬を見る。つまり、登場人物というフィクションとともに俳優の身体という現実を同時に目にするのである。同じことが能舞台全体で起きている。つまり、観客はシテやワキが演じる登場人物とともに、そのフィクションの外側にいる人々、囃子方や地謡、そして、シテの補助役の後見といった人々を同時に見るのである。舞台上に登場人物以外の人々が堂々と姿を見せているということは、西欧演劇では起こらない。これは日本の演劇全般の特徴である―たとえば、歌舞伎の黒衣―とも言えるが、能ではこうした特徴が顕著に現れている。

④能の種類

能は伝統的に初番目物から五番目物までの5種類に分けられている。いつからこうした分類がなされるようになったのかはよくわかっていない。江戸時代の正式な演能において五番立で能が上演されたと言われてきたが、実際にそうしたことはなかったようだ。(注1)これは学問的な分類ではなく、曖昧な部分もある。しかし、現行の能はすべていずれかに分類されており、今でも一般に通用している。初番目物は神をシテとし、二番目物は戦で死んだ武将の霊、三番目物は女をシテとする能である。四番目物にはさまざまな能が分類されていて、シテは特定しにくい。そして、五番目物は鬼、妖怪をシテとする。初番目物は、神が現れてこの世を寿ぎ、すがすがしくめでたい雰囲気を盛り上げることを目指しており、その性格上、深刻な人間ドラマとはなりにくい。それに対して、二番目物から四番目物は、それぞれの角度から人間の心を掘り下げようとする。二番目物のシテはすべて死んだ武将の亡霊であり、戦場の恐怖や敗死の無念を語る。三番目物のシテの多くは女の亡霊や草木の霊であるが、現実の女をシテとする能もある。それらはおもに恋をテーマとする。また四番目物は雑物とも呼ばれ、さまざまな性格の能があるが、激しい情念を描くものが多い。そして、五番目物は、おもに鬼退治の能で、深刻な内容の能は少ない。激しい動きに富み、見た目におもしろい作品がここに分類されている。これまで題名を挙げたもののうちで、『井筒』は三番目物、『安宅』は四番目物、『紅葉狩』は五番目物の名作である。そして、ここで取り上げる『吉備津宮』は神をシテとする初番目物に分類される。

後楽園能舞台

冒頭で述べたように、『吉備津宮』は謡曲が創作されて以来、長らく上演されることがなかったが、平成29（2017）年5月に岡山後楽園能舞台において復曲公演された。この能舞台について短く述べておく。後楽園に能舞台が建てられたのは宝永4（1707）年のことだ。その後、昭和20（1945）年6月の岡山空襲で焼け落ちるまで、江戸時代の能舞台が残されていた。現在の能舞台は、戦後に再建されたもので、竣工は昭和33（1958）年である。それ以来、この舞台では定期的に能、狂言の公演が行われている。

後楽園能舞台は江戸時代の能舞台の再建であるので、なかば野外劇としての能が上演される構造になっている。つまり、本舞台や橋掛、また見所は屋根で覆われているが、見所と舞台のあいだは露天である。見所と舞台は数メートル離れており、地面は白い玉石を敷き詰めた白州になっている。白州には、太陽光の反射で舞台を照らすという役目とともに、見所と舞台を隔てる結界の意味があると考えられる。

そもそも大名庭園にしつらえられた能舞台であることが後楽園能舞台の最大の特徴であり、こうした環境で定期的に能の公演が催されることは、ほかではたぶんないだろう。この能舞台ではまず鏡板に描かれた老松に注目せねばならない。その作者は、倉敷生まれの画家、池田遙邨である。画伯は「大和絵の古典様式」を取り入れてこれを描いたと述べている。古典的な様式性と作者の個性が融合する魅力的な老松である。また、一般の能楽堂では、見所が舞台正面と左側に限られるのに対し、後楽園能舞台では、舞台右側にも見所がある。ここにすわるとほかでは見られない角度から能を楽しむことができる。さらに、橋掛にも特徴がある。近代以降の能楽堂では土地面積の制約があるため、橋掛の取り付け角度が本舞台に対して100度程度で、より直角に近いのに対し、後楽園では土地の面積など気にかけることなく橋掛を作っているので、取り付け角度は約130度になっている。また、その長さも一般よりも長い。つまり、左後方に向かってより深くより遠くに橋掛が伸びているのである。橋掛には距離を表現するという重要な役割がある。つまり、揚幕の向こうから登場するシテはどこか遠くの異界から現れるのであり、橋掛は斜め後方に伸びることによってその距離を表す。そして、後楽園能舞台では、橋掛のその角度と長さによって、見所から揚幕ま

岡山後楽園能舞台（写真提供：岡山後楽園）

では実際に遠くなり、観客に距離の印象をより強く刻むことができるのである。

能『吉備津宮』について

『吉備津宮』という題名の謡曲は二曲ある。いずれも吉備津神社ゆかりの曲であるが、両曲とも長らく上演されることはなかった。そのうちの1曲は仇討ち物の能で、四番目物に分類される。もう一方の曲は神をシテとする初番目物の神能である。これら2曲は田中允編『未刊謡曲集』（古典文庫）に入れられて、活字にされている。田中允によると、仇討ち物の『吉備津宮』の作者は室町時代の金春善徳、神能のほうは作者不明である。田中は、後者について、おそらく近世（江戸時代）に書かれたものであろうと推定している。後楽園能舞台で復曲上演されたのは、後者の神能である。以下、この能について述べることにする。

謡曲『吉備津宮』

まず、『吉備津宮』の謡曲を読んでいこう。謡曲は「当今に仕え奉る臣下」の登場で始まる。(注2) これはワキの役である。最初に天皇の臣下が登場するのは、初番目物の一つのパターンで、『嵐山』や『竹生島』もこのようにして始まる。そして、その臣下が勅命を受けてどこかへおもむくというのも他の神能に共通する。『吉備津宮』の場合、勅使は都から備州の吉備津宮へと旅立つ。このときには「御釜鳴動」の様を見てくるようにとの勅命がくだったのである。これはもちろん吉備津神社に今も伝わる鳴釜神事のことを指す。こうした次第は、ワキ自身のセリフによって直接的に観客に向かって説明される。こういったところに能と一般の演劇との大きな違いがある。登場人物を演じる俳優が舞台から観客に向かって言葉を発することは—実験的な演劇で例外があるにせよ—一般にはない。近代以降の演劇であれば、舞台上の登場人物が交わす会話を通じて、観客が状況を理解するというのが一般的だろう。しかし、能ではそうした手順は踏まず、舞台から観客に向かって直接的な説明がなされるのである。

それに続いて、ワキは「道行《みちゆき》」を謡う。これはある場所から別の場所への旅を謡うもので、この場合は、都から山崎、須磨、明石、高砂を経て、「吉備の山辺」に到着するまでが謡われる。この短い謡によって、場面は都から吉備に移る。そして、勅使は「急ぎ候程に、備州吉備津宮に着きて候。この所の人を待ち、詳しく尋ねばやと存じ候」と言う。吉備津宮について教えてくれる人が現れるのを待とうというのである。するとそこに老人が若い男を連れて現れる。ワキが「いかにこれなる老人に尋ね申すべき事の候」と言うので、そこに現れたのが老人であることがわかる。そもそも老人が前場のシテ（前シテ）として現れるのが初番目物の定型である。老人が何のお尋ねかと問うと、勅使は「御釜鳴動」について聞かせてほしいと言う。老人は、それは「吉凶」を告げる鳴動であり、万人が吉備津宮を崇め、供御を供えるからこそこうしたことが起きるのだと語る。しかし、釜の鳴動について調べるようにというのが勅命であったはずだが、釜についてはそれ以上詳しくは語られない。勅使はさらに吉備津宮の縁起について語ってほしいと請う。そして、この物語が前場の中心をなす。

この物語を語るのは、当然、老人である。ところが、実際には、物語の冒頭は地謡によって謡われ、その前半部はシテと地謡の掛け合いとなり、物語の後半の主要部分になると、おもに地謡が謡い、シテは一行を除いて沈黙する。これは『吉備津宮』に限らず、能一般に見られる形式である。この能では、シテは登場人物としての老人を演じており、そして、その老人がワキの勅使に請われて昔語りをするのであるから、一般の演劇の原則で考えれば、当然、シテがその物語を謡ってしかるべきだ。一般の演劇においては、俳優は登場人物になりきってセリフを言う。しかし、能においては、シテに代わって、シテの物語るべきところを地謡が謡うという箇所が多くある。このあと見るように、ワキの言うべきことを地謡が謡う場面もある。こうしたところが能の面白さでもあり、またわかりにくさでもある。観客には地謡が謡う内容を把握し、それが誰の言葉なのかを理解する想像力が求められる。ただし、そこで謡われる物語は、多くの場合、故事に基づいており、少なくとも謡曲が創作された当時は周知の物語であったため、観客にとって理解はさほど困難ではなかったのであろうと推測できる。

『吉備津宮』で語られるのは、吉備津彦の尊《みこと》による吉備津火車征伐の伝説である。火車《かしゃ》、あるいは冠者は、現在では温羅の名で知られている鬼神である。また、吉備津彦のもともとの名はいさせり彦の尊で、謡曲においてもいさせり彦の尊が吉備津彦の尊を名乗るに至った次第が物語られている。老人の語るところを次に要約して述べておく。異国に火車という名の王子がいたが、悪行を重ねたため、扶桑国、すなわち日本国に流されてきた。そして、備中の新山《にいやま》に鬼ノ城と呼ばれる城を築き、そこに立てこもった。火車はそこを本拠として西国を支配し、九州から都に向かう舟を襲うなどしたため、帝都が衰微するまでになった。そこで、いさせり彦の尊が火車誅戮《ちゅうりく》のため数万の兵とともに派遣された。いさせりは城を攻めるのだが、火車は神通力をもってこれを迎え撃つ。いさせりが矢を射ると、火車の射た矢と空中で食い合いになって、落ちてしまう。そこで、いさせりがはかりごとをめぐらし、一度に二矢を放つと、一矢は火車の矢と食い合いになるが、もう一矢は火車に命中する。主の身に矢が突き刺さったため、配下の鬼たちが倒れ、流れた血が川となった。これが今の血吸川《ちすいがわ》である。弱った火車が雉子となって山中に隠れると、いさせりは鷹となってこれを追った。さらに火車は鯉に変じ川に潜ったが、いさせりは鵜となってこれを食い上げた。その場所は今の鯉喰の橋である。そこでついに火車は力尽きて降参した。そして、命は惜しくはないが、武命だけは残したいと願い、吉備津火車の吉備津の名をいさせりに贈ったという。このとき以来、いさせりは吉備津彦の尊を号することになったのである。老人は次のように物語を締めくくる。

尊は異族を誅戮し、国土を守り給へば、国も豊かに民あつく、御影《みかげ》に住める我らまで、安く栄ふる御代《みよ》なれば、誰かは仰がざるべき。

物語は「異族」を平らげた吉備津彦の尊の賛美で終わる。そして、その老人のただならぬ様子に不審を感じた勅使はこう問いかける。

不思議なりとよ老人よ、常人《ただびと》ならず覚えたり。その名を名乗り給へや。

確かにこれは勅使の問いかけであるが、謡うのは地謡である。これも能の常套で、物語の後の語り手と聞き手の問答において、聞き手の問いは地謡によって謡われるのが決まり事となっている。先ほど述べた通り、能の特徴として、登場人物の言葉が役者を離れ、別のところから声が発せられるのである。勅使の問いに、老人は「岩山の神は我なり」と答える。老人は仮の姿で、その正体は「岩山の神」であった。この答えを謡うのも地謡で、さらに地謡は「花の木陰に立ち隠れて、面影は失せにけり、そのおもかげは失せにけり」と第三者の語り手として状況を説明する。老人はいずこかに姿を消すのである。

岩山の神は吉備の地主神であるが、前場において「岩山の神」が話題になることはなかった。ここで岩山の神が老人の正体であったと明かされるのは、いささか唐突でもある。老人の語る鬼退治の英雄は吉備津彦の尊であり、吉備津彦が吉備津神社の主神でもあるのだから、『吉備津宮』のシテは吉備津彦の尊であってもよかったはずだ。他の神能の構成を見ても、前場の物語の主人公が老人の正体とされるのが一般的である。『吉備津宮』はそこから逸脱している。この点についてはのちに考えてみたい。

能では前シテの中入りによって前場が終わると、アイ狂言となる。しかし、謡曲にはアイ狂言のセリフは載せられておらず、前場に引き続き、後場へと移る。後場は、多くの能に共通する定型として、ワキの待謡で始まる。勅使は、岩山の神がその本来の姿で出現するのを待つのである。ワキは「御名を唱えて待ち居たり」と謡う。するとこう謡いながら、後シテ—後場のシテ—が現れる。

ありがたや百王守護の霊神として、この山上に年を経て、仕ふる御代も動きなき、岩山の神とは我がことなり。

前場では仮の姿で現れた神が、その真の姿で登場するのである。神能では神舞が舞われるのが決まり事で、それが後場の中心をなし、また能全体の見どころでもある。シテが「久方の、空ののどかなる日の光」と謡い、地謡が「神代の佳例をうつり舞、謡ふや梅枝、榊葉の声、めづらかに、面白や」と謡うと、神の舞が始まる。神舞は清々しく勇壮な舞である。神が現世を寿ぐという雰囲気を盛り上げることを眼目とする舞で、何かを具体的に表現するものではない。舞の終わり近くで、シテは「春の夜の、雪をめぐらす、舞の袖」と謡うので、すでに時は夜となっている。さらにそれに続く地謡の謡には「明けゆく時の鼓山《つづみやま》」とある。つまり、岩山の神はのどかな「日の光」が射すときに舞い始め、さらに夜から明け方まで舞い続けるのである。最後に地謡はこう謡う。

歌舞の菩薩は、舞降《まひくだ》り、翻へる雲の袖、翳《かざ》すや霞の、衣手も匂やかに、君が代は万歳楽と舞ひ納め、万歳楽と舞ひ納め、御戸張《みとばり》の内にぞ、入り給ふ。

岩山の神が社の帳の向こうに姿を消すところで、謡曲は終わっている。

復曲能『吉備津宮』

能『吉備津宮』について残されていたのは、詞章だけで、それがどのように演じられていたのかはまったくわかっていない。謡曲が脚本であると言っても、謡曲にはト書きにあたるものは書かれていない。現在、流布している観世流謡本（大成版）では、役者の所作を示すイラストも添えられているが、『吉備津宮』についてはもちろんそうしたものはない。確かに、能は謡も仕舞も型どおりという部分が多く、他の能と同じように演じればよいというところはある。数百年前にどう演じられていたかがわからないのは、他の能も同じだが、しかし、『吉備津宮』は定型を逸脱する曲でもある。前場の物語で、鬼退治のような説話が謡われる初番目物はほかにはまずないだろう。また、すでに指摘したように、その物語の主人公が後シテとならないことも例外的である。長らく演じられることのなかった、このような謡曲を復曲公演するのは、まさに一大事業であった。

復曲は観世流能楽師の林宗一郎師によって発案された。師は昭和54（1979）年生まれの若手のシテ方能楽師で、京都在住であるが、林家は宗一郎師の御祖父の代から三代にわたり岡山で能楽の指南をされており、岡山とは深い縁がある。こうしたえにしもあって、『吉備津宮』復曲を思い立たれたのである。そして、復曲にあたって、高名な能楽研究者である東京大学の松岡心平教授に協力を求められた。公演パンフレットには、松岡教授は岡山出身でもあるので、協力依頼には即答で応じたと書かれている。その相談があったのが平成27（２０１５）年9月で、宗一郎師はすでに平成26（２０１４）年秋頃から準備にとりかかっておられたという。公演までに2年半あまりの周到な調査、研究がなされていた。そして、復曲能は、松岡教授の監修で公演された。シテを務められたのは、もちろん林宗一郎師である。

復曲能『吉備津宮』には、謡曲には書かれていない部分が新たに創作された。つまり、アイ狂言である。先述のとおり、通常、謡曲にはアイ狂言のセリフは載せられていない。そして、『吉備津宮』の場合、アイ狂言に関する伝承もないので、新作として創作せねばならなかったのである。アイ狂言では、前場の物語がわかりやすく語り直されるというのが通常の形であるということはすでに述べた。それ自体、一般にあまり面白いものではない。しかし、この復曲能で創作されたのは、定型とは異なる、ひじょうに魅力的なアイ狂言だった。謡曲では、天皇が臣下に向かって「御釜鳴動」について見てくるようにと命ずるのであるが、前場の語りでは鳴釜についてはわずかにしか触れられていない。そのため、復曲に向けた研究会で、鳴釜をモチーフとしてアイ狂言を展開しようということになったという。そして、アイ狂言の新作は、狂言師の田賀屋夙生師に依頼された。師は岡山県笠岡市在住の大蔵流の狂言師である。完成した

『吉備津宮』アイ狂言（上杉遥提供）

アイ狂言では、まず吉備津宮の神職（田賀屋夙生）が、ワキの勅使の依頼に応じて鳴釜の由来を語る。ここまでは前場の内容の補足である。神職は、討たれた火車の首は地中に埋められたのちもうなり声を上げ続けたが、やがて、吉兆を告げる釜の鳴動となった次第を語る。それに続いて、神職が阿曽目（島田洋海）とともに鳴釜の神事を行うところが演じられる。阿曽目《あぞめ》は鳴釜神事に仕える女性で、今もその役目をする女性はこの名で呼ばれている。アイ狂言では、竈の火が燃える音、甑に米を振る音が、役者の発する擬声語で表現されていて楽しい。釜が鳴る音も、「ウォー、ウォー、ヴォーン、ヴォーン」という声で表されている。狂言としてのコミカルな面白さが生かされており、アイ狂言としては珍しいことだが、見所からは笑い声も上がっていた。

この復曲能のもう一つの大きな特色は前場のシテの所作にある。一般の能においては、前場で物語が――『吉備津宮』であればいさせりと火車の戦の物語が――謡われるあいだ、シテは舞台にすわり、目立った仕草を見せることはない。ところが、復曲能では林宗一郎師の意向もあり、能としてはかなり大きな、写実的と言ってもよい所作が入れられることになった。いさせりが矢を射るところで、シテはその所作をする。また、二矢が空中で食い合うというところも、両腕を伸ばし、拳を打ち合わせて二本の矢の衝突を表現する。さらに、二矢を一度に射て、そのうちの一矢が火車に命中するというところでは、矢が左目に当たったという所作がなされる。謡曲では「一つは火車の身に立てば」としか言われていないが、温羅伝説は矢は左目に当たったとされているので、それに合わせた演技がなされるのである。初番目物は一般にめでたさの雰囲気を醸すことを目指すが、『吉備津宮』はその枠には収まらない内容がある。確かに、火車退治の物語は吉備津彦の尊の賛美で終わってはいるが、それはまた敗者の側からも語られている。

火車、逆心翻へし

勇士の命《めい》、滅することを悲しまず、武命《ぶめい》の滅するを悲しむと、頸《くび》をのべて降を乞ふ、我が

名を君に譲りつつ［後略］

謡の詞章は敗れ討たれる側の心の内に入り込む。こうしたことからしても、『吉備津宮』はそもそもめでたさの雰囲気を盛り上げることを主眼とした謡曲とは言いがたい。この点からすると、初番目物の定型からは逸脱しても、写実的な所作を入れることで、この謡曲の面白さが引き出されていると考えることができる。これは創造的な復曲であると言うことができるだろう。

前シテは尉面《じょうめん》―老人の面―をつけ、箒を手にしており、庭掃きの者の老人と設定されている。中入りでは、橋掛を歩んで退場するのではなく、本舞台後方に置かれた作り物の中に姿を隠す。作り物は枠のみを組み合わせた箱形で、台掛―掛け布―で覆われており、上に屋根が見える。それは岩山宮を表すのであるが、謡曲ではとくにその説明はない。岩山宮を置くことにしたのも復曲における演出である。前シテはその中に入り、アイ狂言のあいだに後見の助けを借りて装束と面を変える。そして、後見が台掛を取り払うと後シテが岩山の神として現れる。舞を舞う後シテ

『吉備津宮』前シテ（上杉遥提供）

は、「神体」と呼ばれる面をつける。これは凜々しい男神を表す面である。ほかの神能でも使われることはあるが、この面が選ばれたことについては特別な理由がある。用いられたのは倉敷市児島の野﨑家所蔵の面であった。江戸時代から今日に至るまで塩田王として知られている野﨑家には、能装束、謡本、そして能面の貴重な収集品が伝えられており、そのうちの神体の使用が許されたのである。能面に至るまで、『吉備津宮』はあくまで岡山の能というところにこだわって復曲がなされたのだった。

後シテは明るく、さわやかな詞章に合わせて神舞を舞う。前場とは違い、後場は初番目物の型どおりに展開する。後楽園能舞台での林宗一郎師の若々しく伸びやかな舞は、爽快な神舞であった。

最後に後シテとして岩山の神が現れるという点について述べておきたい。吉備津神社の祭神はもちろん吉備津彦の尊（大吉備津彦尊）である。岩山の神は吉備津神社の摂社の岩山宮で祀られている。ここに祀られているので、岩山の神と呼ばれるのだが、正式には建日方別命《たけひかたわけのみこと》である。建日方別命はここに地主神として祀られている。吉備津彦の尊は大和朝廷に派遣されたいさせりの神格化であり、吉備にとっては他国の神であった。また、火車（温羅）もまた伝説によれば異国から到来した鬼神であり、また謡曲でもそう謡われている。つまり、吉備の地主神にとって、いさせりと火車の戦いは異国の者同士の戦闘であった。その戦いのなかで地主神はどういった立場に立つのだろうか。

この点について考えるための手がかりとして、備中神楽の『吉備津』に触れておく。この神楽でも吉備津彦の尊の火車退治が演じられる。それが主題であることは能と変わらないが、構成はそうとうに異なる。この神楽では冒頭で岩山明神が登場する。岩山明神は、自分はこの地を治める神であるが、火車の暴虐にはかなわないので、いさせり彦の尊に力を借りることにしたと述べる。さらに神楽では、岩山明神の息女内宮姫が登場し、この娘がいさせりに二矢を同時に射よという策を授けるという筋になっている。もちろん、火車がいさせりに退治されることは能と変わりない。しかし、神楽では能よりも土地の神の比重が重くなっている。吉備にはこうした伝説も伝えられていて、

岩山宮

それに基づいて神楽『吉備津』が作られたのだろう。松岡心平教授によれば、岩山の神がいさせりに「吉備中山に陣を布くことなど作戦を教えたのち岩となって消えたという話」（注3）を伝える縁起が書き残されているということである。こうしたことから考えると、オリジナルの『吉備津宮』では、アイ狂言で岩山の神の働きが語られ、そのうえでこの神が後場で登

『吉備津宮』後シテ（上杉遥提供）

場するという流れになっていたのかもしれないとも想像される。異国の鬼神に苛まれ、そののち大和の支配下に入った吉備であるが、その地主神たる岩山の神が世を寿ぐという能『吉備津宮』の後場は吉備の原初の心にかなうものであっただろう。『吉備津宮』は岡山の能としての価値をもつ作品である。

『吉備津宮』は後楽園能舞台で初演されたのち、翌平成30（２０１８）年2月で京都観世会館で2回目の公演が行われた。このときのシテも林宗一郎師である。目下のところ、それ以降の上演はないようだが、今後も繰り返し公演するに値する能である。岡山を舞台とする能は、『平家物語』に材をとった『藤戸』という名作があるが、『吉備津宮』も今後それに並ぶ能に育っていくことを期待したい。

（注1）日本芸術文化振興会『文化デジタルライブラリー』、「能楽」 https://www2.ntj.jac.go.jp/dglib/contents/learn/edc9/play/program/gobandate/index.html
（注2）謡曲『吉備津宮』の引用は、『吉備津宮』の復曲公演パンフレット（「岡山ゆかりの幻の能―復曲『吉備津宮』記念公演」）から。
（注3）同右、7頁。

コラム

備中神楽と「吉備津」

神崎 宣武（民俗学者・旅の文化研究所所長）

備中神楽には、その発生が異なる二系統の神楽が併存する。古いのは、榊《さかき》舞（清めの舞）・白蓋《びゃっかい》神事（降神行事）・託宣《たくせん》神事（神懸っての予言）・五行神楽（陰陽五行を問答で説く）など、神事系の神楽で、主に素面《ひためん》で演じる。ふだんの神楽では、ほとんど見られない。小字《こあざ》相当の集落ごとに祀る産土荒神《うぶすなこうじん》の式年祭（7年ごと、あるいは13年ごと）の神楽（式年荒神神楽）に表出するのである。そのことからも、この地方で集落が開けた中世のころから演じられてきた、とみてよかろう。

一方に、近世系の神能《しんのう》がある。神能とは、神代《じんだい》神楽ともいう。神話を題材として演劇化した神楽で、当然ながら能の影響が大きい。たとえば、仮面《めん》を用いて神格を表現するのがそうである。命《みこと》舞・姫舞・荒舞、そして神楽歌・言立て（名乗り）・問答など、太夫《たゆう》たちが玄人《ころうと》芸を誇る。オオクニヌシの命《みこと》（大国主命）が主役の「国譲り」、スサノオの命《みこと》（素佐之男命）が主役の「大蛇《おろち》退治」が代表的な演目である。これらの神楽は、氏神《うじがみ》の秋祭で毎年奉納されてきたので地元の人にはなじみ深い。近年は、イベントや子供神楽で演じられてもいる。

備中地方におけるこれらの神能（神代神楽）は、文化・文政期に国学者の西林国橋《こっきょう》が創った、と伝わる。

その西林国橋がはじめた神代神楽のなかに、「吉備津」も加わる。「国譲り」や「大蛇退治」などの構成とは少し違うところがあるが、近世系の神能のひとつ、と位置づけてよかろう。備中神楽にしかみられない演目である。

そして、そこには、吉備津彦に対抗しての温羅《うら》（うんら、とも）が登場する。その温羅であるが、関連する室町期や江戸前期の小文献には出てこない。江戸後期の賀陽為徳による『備中国大吉備津宮略記』（江戸後期）が初出である。ということで、西林国橋は、これを原作として脚色したのではなかろうか、と推測することができるのだ。

『備中国吉備津宮略記』には、温羅という者が一族を引き連れてやってきた、とある。しかも、百済の王という。その根拠はわからない。

神楽「吉備津」では、吉備の長《おさ》（国造りの神と名のる）岩山明神が登場、温羅の乱暴に手を焼いているので、孝霊天皇の第二の皇子である五十狭芹彦《いそせりひこ》（吉備津彦）にその退治を依頼した、とする。

古代史の解析では、倭《やまと》（大和）が西征のために吉備津彦を派遣、とみるむきもある。しかし、地元での文献やそれにもとづいたとされる神楽では、あくまでも助っ人としての依頼、とするのだ。

次に神楽では、岩山明神の姫《むすめ》である内宮姫が登場して吉備津彦に弓と矢を渡し、温羅退治の戦略を授ける。これは、古代においては巫女《みこ》の地位が高かったことを示しており、注目すべき場面である。

吉備津彦と温羅の争いは、神楽では太鼓叩き（太夫）の語りと太鼓によって進行する。両者、台詞《せりふ》を語る余力がないほどの熱演なのである。

両者ともに矢を放つが、空中で絡み合う（矢喰い）。吉備津彦は内宮姫の託宣どおりに二本の矢を同時に放つと、その一本が温羅の右目を射る。たまらず、温羅が鯉《こい》となって川（血吸川）に潜れば、吉備津彦は鵜となって追う（鯉喰）。

　もちろん、最後は吉備津彦が圧倒して、温羅が降参。そして、温羅は、艮御崎《うしとらおんざき》（方災守護の神）として祀られることにもなる。さらに、これが吉備津神社の釜鳴り神事とも結びついて語り継がれることになるのだ。また、矢喰宮（岡山市）、血吸川（総社市）、鯉喰神社（倉敷市）など、ゆかりの場も語り継がれることになるのである。

　「吉備津神話」ともいうべきものがたりが、この地方では現在にも生きているのである。

総社観光大学では、神楽「吉備津」の観賞講座も設けている

備中神楽「吉備津」

（写真提供：中世夢が原）

吉備の長を名乗って岩山明神が登場

内宮姫が弓・矢と戦略を吉備津彦に授ける

血吸川をはさんで吉備津彦と温羅が闘う

ついに温羅が降参

第五章

文化を活かした地域づくり

藤井　和佐（岡山大学大学院社会文化科学研究科教授）

地域文化の発信のあり方を考える

本章では、地域文化を活かした観光開発・地域づくりのために、地域文化をどのように表象するか（象徴的に表現するか）、その発信のあり方について、国内の3か所の事例にもとづいて検討したい。その検討を通じて、（1）私たちが日常生活において、とくに意識することのない地域の範囲をとらえ直すこと、（2）地域の歴史や文化を活かすことが、地域の再生・創生につながることが示されるであろう。

総社市公式ＷＥＢサイト内にある「総社観光大学」の概要のなかに、次のような一文がある（総社市、２０２０)。

この大学の修了生には「総社観光ナビゲーター」の称号を付与し、総社観光のカリスマ的存在として、全国に総社ファンを増やす総社観光の伝道師となっていただくことを期待しています。

「食べて・見て・体験した……古代からの長い歴史がある総社の魅力」(総社市、２０２０)を伝道するにあたっては、何を、どのように伝えていくかが重要である。発信のあり方次第で、意図したこととは異なる受けとめをされることもあるからである。そこで本章では、どのように地域を表象するかについて考えるために、地域という場のなかで生業と生活とが一体となっていることを理解しやすい第1次産業、とりわけ農業に注目し、地域農業・稲作文化・農産物及び農業者の発信事例として、(1)複数の市町村を範域として発信している北海道十勝地方、(2)平成の大合併前の旧町を範域として発信している宮城県大崎市の鳴子温泉地域、そして(3)岡山県を範域として発信している「おかやま農業女子」を取りあげる。

事例の紹介に入る前に、ここで〈文化〉と〈地域〉、そして地域文化の伝承・伝達(発信)の主体について確認しておきたい。

〈文化〉とは何かと問われたら、皆さんはどのように答えるだろうか。浮かびあがるのは、本書で取りあげられたような歴史や食、人物、神社仏閣、祭祀・芸能などであろうか。神崎宣武氏は「集団社会におけるクセのようなもの」と説いている（神崎、2018、3頁）。「その社会で大半の人が同じようなクセをもっているとしたら、それが他の集団社会と差異の大きいクセだとしたら、それを『文化』と位置づけていいのではないか」（同上）というわけである。言葉のクセは言語文化となり、しぐさのクセは身体表現の文化となる。信心のクセは信仰文化となることなどが、例としてあげられている（神崎、2018、3～4頁）。これを社会学の表現で述べると、ある一定社会内での行動様式や生活様式（ライフスタイル）、価値観の共有された形が文化ということになる。

この一定社会が、集団社会の単位の問題につながる。「日本人という民族社会がある。それが分割されての地域社会もある。……職人社会・商人社会・芸人社会に分けることもできる。そして、それぞれに特異なクセを共有しているところで、それぞれの文化ということができるのである」（神崎、2018、4頁）。総社という一定地域の文化の発信を問題とする場合、地域の単位が問題となることはいうまでもない。地域の範囲に文化があるということは、文化を共有できている範囲が〈地域社会〉であるということもできるからである。

そして文化が共有されているということは、そこに伝承・伝達という営みがあるということになる。その伝承・伝達の際に、表象のされ方が意味をもってくる。ある表象を伴って世代間で伝承されていく行動や生活、価値観がパターンとなり、〈文化〉化される。一過性の流行りは文化にはならないが、ある時代をつくりあげていく蓄積をそこに見ることができれば文化となる。例えば、流行歌によって「昭和」という時代が「昭和文化」という形で表象されるといったことをあげることができるだろう。このような時間軸と同様に、空間軸＝地域においても、当該地域で蓄積されたもの＝文化への共感が、それを伝えようという行為につながるのである。「古代吉備」は、時間軸と空間軸とが一体となった表現である。「古代」と聞いたときにイメージするもの、「吉備」と聞いたときにイメージするものを私たちが共有できていれば、「古代吉備」は表象として生きてくる。〝古代岡山〟や〝明治吉備〟などという表現に違和感があるのは、そこに時代の表現と地域の表現とが一致した形で文化をイメージできないからである。表象は、対象を伝える際にそれぐらい重要なのである。

ここで留意したいのは、一定の地域社会において共有されている、つまり伝承されてきた地域文化を、さらに伝承・伝達していく主体は誰かという点である。COVID-19の蔓延のあり方をみてもわかるように、現代社会は世界的に移動社会となっている。かつては、そこに住んでいる、もっといえば、そこに生まれ育った住民によって文化が伝承されていた。しかし現在は、移住者のいない農村地域はないといってもいいほどであり、なかには、移住者のほうが地付き住民よりも多い集落さえある。さらに近年は、観光客などの交流民のみならず、当該地域を度々訪れ、地域や住民とかかわるようになったリピーター訪問者を「関係人口」と称している。あるイベントで訪れた観光客がその地を気に入り、翌年からそのイベントの手伝いをするようになったというような場合を指す。関係人口は、地域づくりの担い手としてカウントされているのである。このことからいえば、当該地域の文化に共感し、それを伝達＝発信しようとする主体は、地域住民だけではない。交流民や関係人口も地域社会の担い手であるといえよう。この意味で、「総社観光ナビゲーター」は、地元に帰っても絶えず総社に眼差しを向け、総社の魅力を発信し続ける主体として総社の地域づくりを担っているのである。

そこに魅力あるものがあれば、あるいは魅力あるものを発見したとき、人はそれを他者に広めたくなる。そのとき、どのように表現すれば、効果的にその魅力が伝わるのかを考えることになろう。そこで3つの事例にもとづいて、地域の範域をどう表現するかという観点から検討していこう。

北海道十勝地方の事例

北海道十勝地方は、図1に見るように北海道の南東部に位置し、北海道南部を南北に走る日高山脈の東側にあたる。降雪量は少ないほうで（図2）、冬季でも晴天の日が多く、「十勝晴れ」という名の地酒がつくられているほどである。

北海道十勝総合振興局（2020a）の説明によれば、「十勝」とい

図1　北海道十勝地方
（北海道十勝総合振興局、2020aより転載）

図2　晩冬の十勝（2018年3月、筆者撮影）

う地名は、十勝地方を流れる十勝川をさしたアイヌ語「トカプチ」に由来するという。先住民アイヌの地である北海道に官主導の開拓団が入るなかにあって、十勝の開拓は、1883（明治16）年の晩成社をはじめとする民間の開拓移民によって進められてきた。NHK連続テレビ小説（2019年前期放映）『なつぞら』で描かれたように、開拓移民たちが荒れ地を徐々に畑地へと変えていったのである。十勝の農家にインタビューをすると、3代前に岐阜から、4代前に茨城からといった来歴が聞ける。正月雑煮の餅の形や出汁が、隣の集落と異なるという話もあった。

十勝の農家は、先祖が労苦とともに開拓した農地を活かし、最新の技術・農機を導入し、農業を主要産業とする地方社会を形成してきたのである。十勝平野には、畑作4品といわれる小麦、豆類、馬鈴薯、甜菜（ビート）の畑地が広がる（図3）。農家1戸あたりの平均耕地面積が40ヘクタール近くあり、そのうえカロリーベースながら食料自給率が1100％と聞くと（十勝観光連盟、

図3　夏の十勝（2018年7月、筆者撮影）

２０２０)、想像力をたくましくしないと農業のあり方をイメージしづらいほどである。そのような十勝は、「食の王国」と表象されるほどの農業地域であり、日本の食料基地として期待されている(北海道十勝総合振興局、２０２０ａ)。

他方で、離農する農家もあり、農業就業者数が減少しているのみならず、人口減少・高齢化は十勝においても例外ではない。住民基本台帳によれば、１９９９年１月１日現在の人口が36万２０３６人、20年後の２０１９年１月１日現在の人口は34万１０３１人と２万１０００人ほどが減少しているのである。地域振興が喫緊の課題であることは、何処も同様である。

広大な北海道では、平成の大合併期においても自治体合併は進まず、十勝においても虫類村が幕別町に編入されたのみである。十勝の総面積約１万８０００平米に、中心地である帯広市と16町２村がある(図４)。帯広市のばんえい競馬や池田町のワイン城、陸別町のしばれフェスティバル、音更町にある十勝川温泉、そして上川地方から十勝にかけての北海道ガーデン街道も有名である。しかしながら、自治体や地域によっては、畑作４品のみならず、長芋や枝豆、ゆり根、蕎麦にくわえて酪農に力を入れている

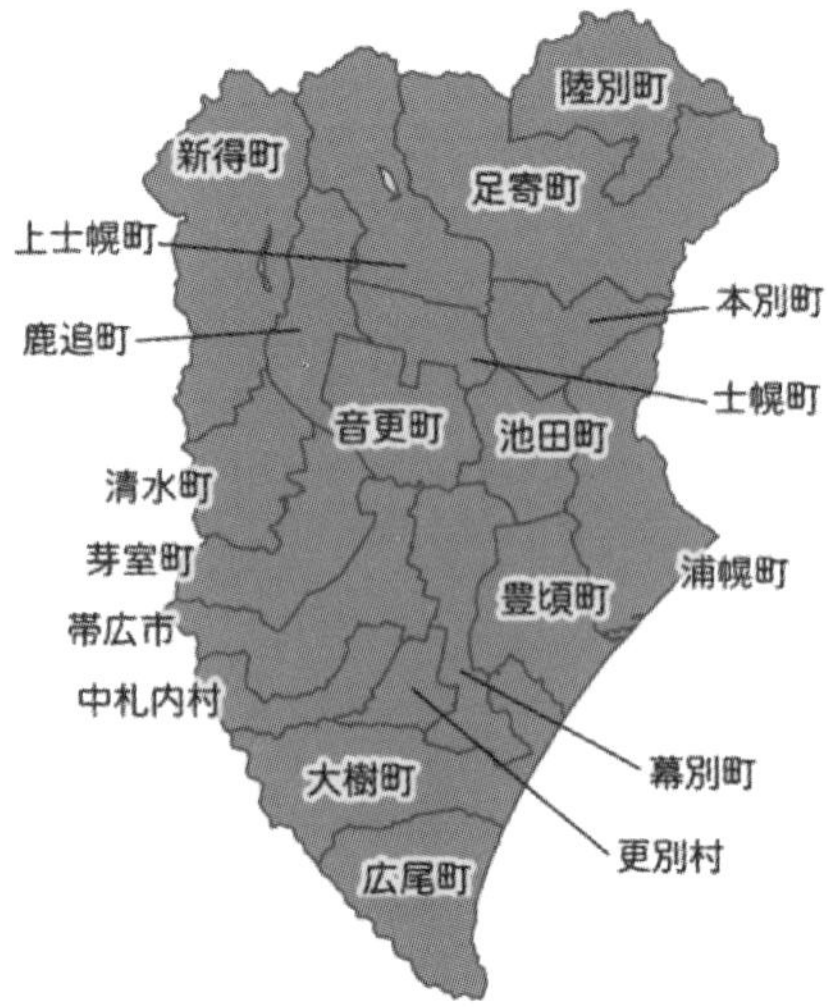

図４　北海道十勝地方１市16町２村
(北海道十勝総合振興局、2020bより転載)

ところもあるほど農業を主力産業としている十勝では、観光の背景にも農業が透けてみえる。

このような十勝の表象のあり方を見てみよう。

図５は、ＪＲ帯広駅構内にある「とかち物産センター」への入り口にある、「フードバレーとかち」を表した十勝の代表的な食の写真である。「フードバレーとかち」は、オール十勝で推進している「食」と「農林漁業」を柱とした地域産業政策である（フードバレーとかち推進協議会、２０２０）。十勝をフードバレーと表象することによって、十勝が、農業を中心とする第１次産業で成り立っている食の王国であることを示しているのである。

図5　「とかち物産センター」入り口にて
（2019年9月、筆者撮影）

図６は、ＪＲ帯広駅構内にある「とかち物産センター」に置いてある「十勝の豆アート」である。２０１５年11月に、帯広駅前にある帯広市の施設「とかちプラザ」で開催された「第46回おびひろ菊まつり」にて来場者が作成したものである。畑作４品のひとつである豆類からいろいろな色の６種類が用いられ、この年の菊まつりの

図6　「とかち物産センター」にて（2019年9月、筆者撮影）

テーマであった幸福駅やばんえい競馬が描かれている。どちらも観光スポットである。

図7　十勝ファーマーズマーケット
（2018年7月、筆者撮影）

図7は、帯広市内の公園で定期的に開催されている「十勝Farmer's Market」である。テント仕立てのおしゃれな小売屋台が並び、野菜や農産物加工品だけではなく、十勝の食材を使った料理も販売されている。

図8は、若手の新規就農女性たちが働く「十勝ガールズ農場」の店舗である。農場は帯広市にあるが表象されているのは、やはり十勝である。「十勝」を表象することは、食品にも及ぶ。図9の複数の写真にあるのは、それが表れている加工食品である。

農業や農産物を表象するときには、個々の自治体名よりも「十勝」あるいは「とかち」が使われていることが多い。十勝地方の全市町村が農業を基盤としていることによって「十勝」という範域を共有できており、フードバレーという形で一体となって地域振興をはかることができていると考えられよう。

図8　十勝ガールズ農場（2018年3月、筆者撮影）

図9　十勝の食品の数々（2018年3月、筆者撮影）

宮城県大崎市鳴子温泉地域の事例

十勝が、複数の市町村の連合体のように、農業・農産物を「十勝」ブランドとして売り出しているのにたいして、つぎの事例である宮城県大崎市鳴子温泉地域の場合は、平成の大合併時にひとつの自治体となった大崎市における旧町域を表象して、米と地域文化とを売り出している。

図11　大崎市旧町域（のんべえ、2009より転載）

大崎市は、２００６年に古川市、松山町、三本木町、鹿島台町、岩出山町、鳴子町、田尻町が合併してでき、宮城県の北西部を東西に貫く（図10・図11）。東北新幹線と陸羽東線が交差する古川駅のある古川地域（旧古川市）を中心に、東方には江合川と成瀬川がもたらした肥沃な平野部「大崎耕土」が広がり、西方の旧有備館[注1]のある岩出山地域（旧岩出山町）以西は中山間地域となる。

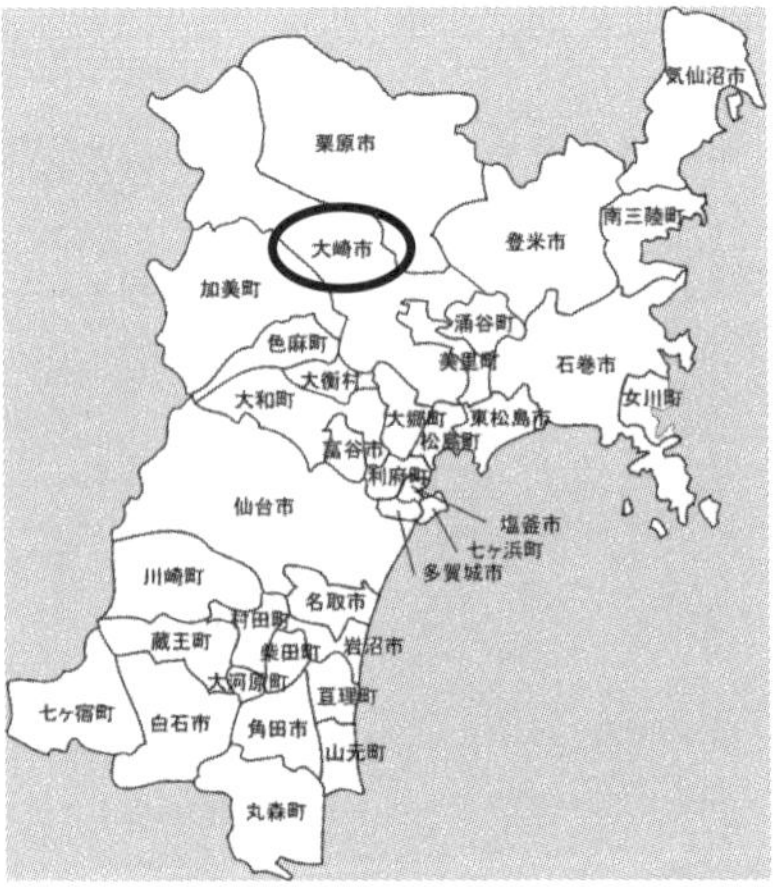

図10　宮城県大崎市
（農林水産省、2020bより一部加工）

古川地域には、ササニシキを開発した古川農業試験場があり、文字通りの米どころである。大崎市と近隣の4町を含む大崎地域は、2017年3月に「日本農業遺産」、そして2017年12月には、FAO（国連食糧農業機関）より「世界農業遺産」（GIAHS：ジアス）に認定されている。認定の中心となったのが、「持続可能な水田農業を支える『大崎耕土』の伝統的水管理システム」である（大崎市、2020b）。その水源からの穴堰（かんがい施設・生活用水路）の隧道《ずいどう》が、本節が対象とする鳴子温泉地域（旧鳴子町中山地区の南原）にある。(注2)

旧鳴子町は、1954年の昭和の大合併時に、鳴子町、川渡《かわたび》村、鬼首《おにこうべ》村が合併してできた。岩出山村とは玉造郡を成していたこともあって、現在でも、旧玉造郡域が商工会などの単位となっている。同時に、旧岩出山町域と旧鳴子町域は、それぞれの観光イベント開催等の単位となっている。とくに鳴子温泉地域は、その名のとおり温泉文化を育んできた地域でもある。住民の意識からは、大崎市としての一体感よりも、旧鳴子町としての一体感が消えないようである。

鳴子温泉といえば、かつては飛ぶ鳥を落とす勢いの賑わいがあった。もちろん現在でも、紅葉の季節には鳴子峡を目指して観光客が殺到し、宿泊予約が難しいほどであるし、毎年開催される全国こけし祭りには、鳴子こけしのファンも集まってくる。しかし、近年は後継者不足のため廃業する旅館も出るほどになっているのである。2020年のコロナ禍の影響も計り知れない。大崎市の2020年4月現在の人口（住民基本台帳）は、12万8718人であり、内鳴子温泉地域の人口は、5686人と7地域のなかでも最も少ない。同時期の高齢化率も大崎市全体が30・0

%にたいして、鳴子温泉地域は45・8%（2018年10月1日現在）である（以上、大崎市、2020a）。

約2人に1人が高齢者である鳴子温泉地域の農業の状況も危機的であった。とくに、鳴子温泉地域のなかでも標高400～500メートルの山間部となる鬼首地区においては、農業をあきらめる農家も出るようになり、耕作放棄地が目立つようになり始めたのは、もう10年以上も前のことである。そんなときに、古川農業試験場で寒冷地においても丈夫でおいしい米のできる東北181号（後に「ゆきむすび」と名づけられる）が誕生した。2006年、鬼首地区の篤農家3戸が試験栽培したところ、あまりのおいしさにびっくりしたというほどの米ができたのである。試食会での評判もよかったため、「鳴子の米プロジェクト」は2008年に法人化し、本格的に活動を始めた（注3）。低アミロース米のゆきむすびは冷めてもおいしく、おむすびに最適である。翌2009年には、ゆきむすびでつくったおむすびを販売する「む

図12　むすびや（2020年3月、筆者撮影）

図13　「むすびや」のテイクアウトチラシ
（特定非営利活動法人鳴子の米プロジェクト、2020aより転載）

すびや」も開店した（図12・図13）。

米を予約購入する「支え手」は、2015年時点で全国に900人にもなっているほか、地域内の旅館のみならず、仙台の小売店や東京のおむすびチェーン店もゆきむすびを購入している。ゆきむすびは、生産者（「作り手」）から農業協同組合よりも1俵あたり5000円程高く買い取られており、作り手の生産意欲につながっている。また、田植えと稲刈りの時期には、支え手と作り手による交流会が開催されており、田植えや稲刈り・くい掛けを体験することにより、農業への理解を深めている（図14・図15）。また、地元の子どもたちとも交流しており、鬼首神楽保存会によって鬼首神楽の奉納の様子も披露されている。(注4)

くい掛け（刈り取った稲を杭にかけてゆっくりと天日干しする）をして付加価値をつけた米が人気でありながら、くい掛けは高齢者には体力的にきつい作業である。また、環境保全米としての認定を受けるための減農薬栽培は手間がかかる。そういったことから生産をやめる生産者が出はじめた2018年、鳴子の米プロジェクトが事務局となって、任意団体「プロジェクト鳴子CSA」（CSA：Community

図14　稲刈り交流会
（2017年9月、筆者撮影）

図15　稲刈り後に田の神へお供え
（2017年9月、筆者撮影）

Supported Agriculture（コミュニティで支える農業））を立ち上げ、ＣＳＡを本格的に展開し始める。その活動の一環で、鬼首の伝統菜「鬼首菜」（ずなっこ）が復活され、数人の女性生産者が作り始めている。日持ちしない菜っぱを加工品にすることはできないかと検討中である。

合併して大崎市となった鳴子町において、地域の気候・風土とともにある「ゆきむすび」という米を売り出す際には、〝大崎の米〟プロジェクトという命名にはなりえず、〝鳴子の米〟と表象しなければならない。それは支え手に対するアピールという意味だけではなく、地域農業や地元の生活文化とともにある生産者や地元住民にとっても意味をもつのであろう。鳴子の米プロジェクトの活動内容等を記載した『鳴子の米通信』は、ゆきむすびとともに支え手に送られるだけではなく、ネット配信とともに、鳴子温泉郷地域の全住民に配布されている。地元農業が見えにくくなっている現在、その見える化をはかることは重要である。そのときに、〝鳴子の〟と称することの意味が生きてくるのである。

岡山県の事例

それでは最後に岡山県の事例を取りあげよう。総社市をはじめとする岡山県内の各地域の発信方法は、皆さんに考えてほしいということもあって、個別地域の事例を取りあげることは避けた。本節における事例は、県内の若手の女性農業者たちによるネットワーク的なつながりの表象であるといったほうがいいかもしれない。

２０１４年４月、岡山県内の「農業女子プロジェクト」（農林水産省[注5]）メンバー２名が、中国四国農政局を訪れ、「岡山の農業女子が一体となって、地元でオリジナリティある活動を行い、岡山から発信していきたい」と提案した。同年７月に県内のメンバー（当時８名）ほか女性農業者13名と、サポーター、プロジェクトに関心を持っている農業高校、企業、行政等が集まって会合が開かれ、「おかやま農業女子」が発足した（図16・図17）。国内における地方版農業女子ネットワーク[注6]の第１号となる。２０１９年９月現在の「おかやま農業女子」への登録メンバーは61名（内農林水産省の農業女子プロジェクトメンバーは31名）である。

メンバーは県内全域に散らばっている。農村生活研究グループ（生活改善実行グループ）や農業協同組合女性部の活動が全盛期の頃の、近隣に農家があり、女性農業者たちがすぐに集まることができた時代とは異なり、現在は、専業農家が数えるほどしかない自治体もある。孤

図16　おかやま農業女子のパンフレット
（2019年8月入手）

図17　おかやま農業女子自慢の逸品（2019年8月、筆者撮影）

図18　まちはなフェアにての直売
（2019年11月、筆者撮影）

立しがちな女性農業者たちが、「おかやま農業女子」のＳＮＳでつながっているのである。イベントに誰が参加するかも、ＳＮＳ内で決まっていくという。

例えば、２０１８年度の活動をみてみると、セミナーや交流会、情報交換会のほか、山陽自動車道吉備サービスエリア下り線での「秋の収穫祭」（直売市）、岡山ダイハツとのコラボによる「ダイハツマルシェ」、テレビせとうちが主催のまちはなフェアへの参加（図18）、レオパレス21との協働による料理教室などがある。販売コーナーは、倉敷・天満屋と吉備サービスエリア下り線に常設されている（図19）。移動距離の問題もあり、活動の中心メンバーは県南に偏りがちであるが、県内のメンバーがゆるい形でつながっているのが、「農業女子」たちの特徴である。まちはなフェアでは、直売は「楽しい」と来客者とのみならず、メンバー同士でも話がはずんでいる。お互いの産品を購入しあい、評価しあう姿には、お互いの産品へのリスペクトがあった。同時に見られたのは、楽しいだけでは終わらない、プロの農業者として稼ぐということの緊張感であ

図19　おかやま農業女子の常設販売コーナー
（2019年8月、筆者撮影）

った。

また、「おかやま農業女子」としてではなく、個々にマルシェに参加したり、県産品を販売する店舗に野菜や加工品を卸したり、委託販売することも活発に行われている。商品のラベルをみていると、「晴れの国の」「はれのひ」「瀬戸内の」「おかやまの」「美作の」など、地域性をシンボライズしたものや地名が入ったものがないわけではないが、「十勝」のように、いろいろな地域の産品に統一的に地名が入っているわけではない。「おかやま農業女子」という表象は、直売市などの際に個々の産品を「おかやま」という枠組みでくくっていることになる。それは、若手の女性農業者がつくっている、安心安全な産品、工夫された加工品、おしゃれなパッケージといった特徴を、「おかやま農業女子」という形で表現しきっているといえるのかもしれない。ばらばらなものに統一感を与えることも表象の役割なのである。

総社観光ナビゲーターがつくる〈総社〉

生業というのは、生活文化をつくり、地域生活と直結している。したがって生業のあり方が変われば、生活文化も変わっていくことになる。例えば十勝地方では、畑作4品だけの生産においては、寝る間もないほど農作業に追われながら、夏季に1年分を稼ぐ。そして冬季には、「遊んで暮らす」とのことであった。ところが、冬季にも収入を得るために施設園芸を始めると1年中が農繁期となる。さらに加工・販売、店舗経営なども行うようになると、1年間の労働周期が変わってくる。冬季に地域住民がいっしょに旅行するといったこともなくなるわけであり、地域社会のあり方が変化していく。

ここで問題となるのは、発信にふさわしい「地域」があるのかという点である。そして地域が変わったのならば、地域生活文化の発信に適切な範域を発見することも必要になってくるかもしれない。鳴子温泉地域には、鬼首神楽があり、鬼首菜があり、そこに新たにゆきむすびが加わって地域農業が再生し、そしてCSAという新たな展開も生まれた。つまり「鳴子」という地域を実体化して表象することができた。ところが、十勝の場合は、農業という点ではひとくくりにできても、開拓移民の地であることから生活文化は集落ごとにばらばらであった。そこで、農業でひとくくりにできる範域である「十勝」を使い、ばらばらな地域文化を十勝文化として創生したのである。岡山の場合は、農業者も限られ、ブドウやトマトなどの特産品がありながらも農業県といえるか微妙な位置づけにある。そんな岡山の農業の担い手として女性に焦点をあて、「おかやま」という地域性を組み合わせることで、彼女たちのつくる農産品を表象し、岡山農業を見える化しているのである。

何を、どのように発信するのか。発信のあり方には文脈があり、意味がある。「吉備」を「岡山」や「総社」といいかえることは可能だろうか。「備中」といういい方もある。総社も「そうじゃ」と表現した場合と「ＳＯＪＡ」と表現した場合とでは、受け止め方も変わる。地域の範域と表現方法とを工夫して、新しい地域づくりを楽しんではどうだろうか。

注1　岩出山伊達家が開設した学問所。
注2　１６４４〜１６４７年に掘られたという南原穴堰は現在も使用されており、南原穴堰水利組合と近隣住民とで清掃活動をするなどして維持管理している。隧道（トンネル）は、１・３キロにも及ぶ（河北新報社　２０２０・大崎市　２０１９）。
注3　紙幅の都合もあり、かなり簡略化して概要を示している。鳴子の米プロジェクトの詳細は、藤井　２０１９ａを参照されたい。
注4　ちなみに鬼首神楽をやりたいという理由で、若手の女性が鬼首に転入している。
注5　「農業女子プロジェクト」の位置づけや政策的課題等については、藤井　２０１９ｂを参照されたい。
注6　現在は「地域グループ」と称されている（農林水産省、２０２０ａ）。

〔**参考文献**〕

・神崎宣武『「吉備」の歴史と伝統文化―備中志塾講義録』（吉備人出版、２０１８年）
・藤井和佐「地方社会解体の危機に抗するCSAの可能性―〈鳴子の米プロジェクト〉を事例として」『岡山大学文学部紀要』71巻（岡山大学文学部、1〜15頁、２０１９年ａ）（岡山大学学術成果リポジトリ内、http://ousar.lib.okayama-u.ac.jp/files/public/5/56875/20190702095625955606/jfl_071_001_015.pdf）
・藤井和佐「変容する地域社会と農業者ネットワークの可能性」『農業と経済』85巻1号（昭和堂、24〜34頁、２０１９年ｂ）

〔参考資料〕

・フードバレーとかち推進協議会、２０２０、「フードバレーとかち」、フードバレーとかち推進協議会ホームページ、（２０２０年5月31日取得、http://www.foodvalley-tokachi.com/?page_id=2）
・北海道十勝総合振興局、２０２０ａ、「十勝の概要」、北海道十勝総合振興局ホームページ、（２０２０年5月31日取得、http://www.tokachi.pref.hokkaido.lg.jp/gaiyo/index.htm）
・北海道十勝総合振興局、２０２０ｂ、「十勝の概要：地図」、北海道十勝総合振興局ホームページ、（２０２０年5月31日取得、http://www.tokachi.pref.hokkaido.lg.jp/gaiyo/gaiyo_01.htm）
・河北新報社、２０２０、「大崎・鳴子のかんがい施設「南原穴堰」 水利組合、落ち葉や土砂清掃」、河北新報ONLINE NEWS，（２０２０年5月31日取得、https://www.kahoku.co.jp/tohokunews/202005/20200504_13010.html）
・のんべえ、２００９、「宮城県大崎市と成瀬川」，酒の向こうに日本が見える，２００９年9月16日，（２０２０年5月31日取得、https://sakenihon.exblog.jp/11946388/）
・農林水産省、２０２０ａ、「地域グループ」、農業女子プロジェクトホームページ、（２０２０年5月31日取得、https://nougyoujoshi.maff.go.jp/overview/community/）
・農林水産省、２０２０ｂ、「わがマチ・わがムラ―農村地域の姿」，農林水産省ホームページ、（２０２０年5月31日取得，http://www.machimura.maff.go.jp/machi/map/04/index.html）
・大崎市、２０１６、「市の概要」、大崎市ホームページ、（２０２０年5月31日取得、http://www.city.osaki.miyagi.jp/index.cfm/10,45,25,93.html）
・大崎市、２０１９、「平成29年6月24日　第10回世界農業遺産勉強会を開催しました」、大崎市ホームページ、（２０２０年5月31日取得、http://www.city.osaki.miyagi.jp/index.cfm/35,21037.html）
・大崎市、２０２０ａ、「大崎市人口統計」、大崎市ホームページ、（２０２０年5月31日取得、http://www.city.osaki.miyagi.jp/index.cfm/10,0,32,389.html）
・大崎市、２０２０ｂ、「世界農業遺産（GIAHS）情報」、大崎市ホームページ、（２０２０年5月31日取得、http://www.city.osaki.miyagi.jp/index.cfm/37.html）
・総社市、２０２０、「総社観光大学」、総社市ホームページ、（２０２０年5月31日取得、http://www.city.soja.okayama.

jp/kanko_project/kanko/inento_sonota/ibennto/kankoudaigaku.html)
・十勝観光連盟、２０２０、「十勝について」、十勝観光連盟ホームページ、（２０２０年5月31日取得、https://tokachibare.jp/about_tokachi/)
・特定非営利活動法人鳴子の米プロジェクト、２０２０ａ、「むすびやテイクアウトチラシ、」鳴子の米プロジェクトホームページ、（２０２０年5月31日取得、http://komepro.org/wp-content/uploads/2020/05/20200507musubiya_takeout.pdf)
・特定非営利活動法人鳴子の米プロジェクト、２０２０ｂ、「鳴子の米プロジェクト―そのはじまりとひろがり―」、鳴子の米プロジェクトホームページ、（２０２０年5月31日取得、http://www.komepro.org/?page_id=85)

〔付記〕

本章で取りあげる事例は、主にＪＳＰＳ科研費２６２９２１３４・１７Ｈ０２５９１・１８Ｈ０３４６５１０における共同調査結果にもとづくものである。調査にご協力くださった皆様に、ここに記して感謝申し上げます。

コラム

古民家を活用したまちづくり

金丸 由記子（ＮＰＯ法人 総社商店街筋の古民家を活用する会）

かつて総社宮の門前町として栄えた総社商店街通りは、昭和50（1975）年頃まで、道の両側に商店や病院などが軒を連ねていて、生活するために必要な物は何でも揃う理想の街だった。

私は、高校卒業後進学のため九州に渡り、20年が過ぎた頃、夫の転職を機に生まれ故郷にもどることになった。

戻ってみて驚いたのは、商店街の南にできた大きな道路（市役所通り）の方に市街地は移っていて、昔にぎやかだった商店街は、暗い廃墟のようなアーケードだけが遺され、街は閑散としていたことだ。

子どもの時の記憶とは随分様変わりした街の風景に「この街でこれから子どもを育てていくのか」と、懐かしいはずの生まれ故郷に心が晴れない思いだった。

昭和50年頃の商店街

丁度その頃、市の広報誌に「ふるさと創生仕掛人塾《しかけにんじゅく》」塾生募集の記事を目にし、なんのためらいもなく入塾した。

ある日、「商店街通りの中に数十年前、市に寄贈されたが使われていない空き家がある」との情報が入る。屋敷は、明治から大正にかけての洋画の先駆者だった堀和平の生家「旧堀和平邸（以下、「堀家」）で、天保14（1843）年江戸末期に建てられた古民家だという。これには仕掛人塾塾生の誰もが興味を抱いた。

現在の旧堀和平邸

堀家は、400坪もある大きな古民家だ。平成15（2003）年、仕掛人塾塾生有志で任意団体「堀家の利用を考える会」を立ち上げ、屋敷の現況調査を行った。

何十年も人が立ち入っていない空間は、ひんやりとして黴《かび》臭く、畳の上に積もった塵は歩くと宙に舞い上がったが、建物自体はまだしっかりとした様子で、十分に使えると確信した。しかし空き家のままでは朽ちてしまい、いずれ倒されるに違いない。180年もの歴史を見てきたこの古民家を壊すことは総社市にとっても大きな損失になるに違いないと思った。

アーケードができる前の商店街

会を立ち上げて2年間、「総社まちなみ再発見フォーラム」、「総社市、堀家と旧市街地への構想計画」（提言書）を市に提出、「総社宮へみにこん？祭」など企画したが、それもひとえに総社の中心である商店街に、唯一江戸時代からの歴史を見続けてきた家敷の存在を市民にアピールし、これから先、解体される事なく維持活用してもらいたいという願いからであった。

「堀家の利用を考える会」は、「例会」と称して月1回の「母家の清掃」ということで入室を許された。この活動は、約十年間続き、屋敷の様子は少しずつではあるが確実に整っていった。

そして平成17（2005）年、総社市文化協会主宰の「れとろーど」が始まる。れとろーどは「昔・今・未来が出会う一本道」がテーマで、商店街通りを舞台に空き家などを利用し、昭和の暮らしや文化を再現することで、通りに2日間だけの活気を呼びもどした。

堀家も会期中は、屋敷の公開と使用を許された。さらに、会場として元文具店やK呉服店の2階・S邸など、その他にも数軒の空き家を借り片付けて、展示場所を作った。

れとろーどでの賑わい

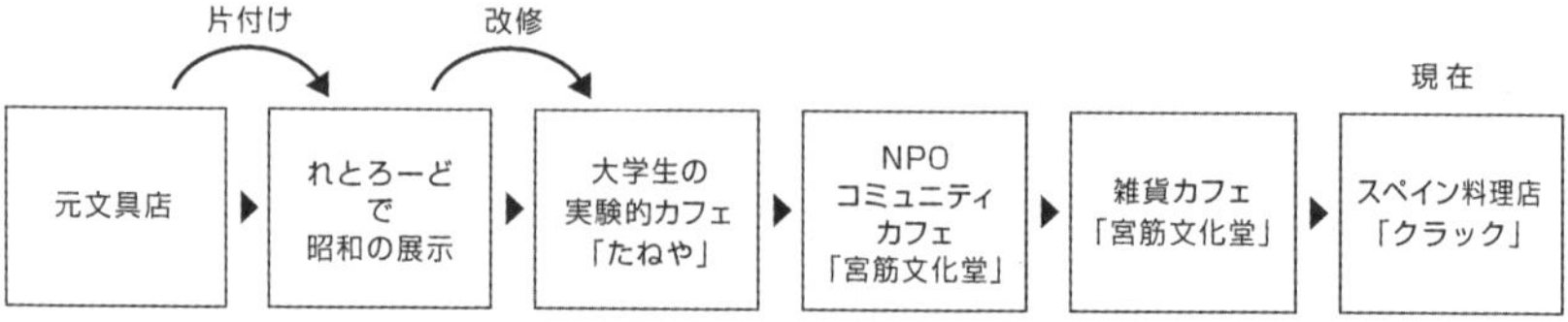

図1：元文具店　その後の変遷

元文具店は、長い間空き家だった知人の持ち家で、はじめは2日間という約束で貸してもらった。その後は下図のように変遷を遂げ、現在はスペイン風料理店として営業している。我が家から歩いて3分のお気に入りの店だ。（図1）

K呉服店の2階は、商店街通り唯一ホールとして、今でもアマチュアバンドのライブや映写会などに使われている。そして、S邸はアート作品の展示場所として利用され、その後5年間地域の癒《いや》しのお店として営業していたが、老朽化のため現在は空き家となっている。

これまでに商店街通りの空き家・古民家に関わって、なんとなく分かってきたことがある。空き家の持ち主は、「使いたくないから放置している」のではなく、「使いたくても使い方が分からない」、まして「他人に貸すといろいろ面倒になる、お金に困ることがない限りは何も手を付けないのが無難」だと思っているのではないか。

ところが、「イベントで2日間だけの約束だから」と貸してみて、空き家が綺麗になっていく様を見ていくうちに、「案外人に貸すのも悪くないのかな」と考えが少し変わってくる。ある意味「食わず嫌い」とよく似ている。

全てが都合良くいくわけではないが、持ち主が納得できる空き家の活用提案をすることで、無駄に壊される古民家を救えるのかもしれないと考えるようになった。

平成25（2013）年、堀家の2階の屋根から瓦が落下したのがきっかけとなり、それまでの有志団体から「NPO法人総社商店街筋の古民家を活用する会」として活動の形態を変えることになる。法人化したことで、堀家はある程度自由に使うことができるようになった。広い屋敷を利用して、主

つながるカフェ線　店内の様子

事業をレンタルスペースにした途端、「カフェにするので貸してほしい」との申し出があった。開店早々から人気店となり、1年半で独立。その半年前にまた「どうしてもカフェがやりたい」と言う別の若者の意向で、オーナーが毎日変わるカフェ構想を立ち上げ、さらに3組の個人オーナーたちが加わり、「つながるカフェ線」が誕生した。初代オーナーが市内の別の場所に独立した後、線は母家に移転。同時に作家が展示販売を行える芸術文化発信拠点「151ギャラリー」を併設した。今や週1日の日替わりカフェ線は、「オーナーが毎日変わる」という営業形態が評判となり、最近では遠方より視察に訪れる人たちも少なくない。

じつは、堀家の内装にはほとんどお金を掛けていない。それはたくさんの方から不用品をいただき、再利用しているからだ。ご近所のお婆ちゃんは「ここはまるでクリーンセンターじゃなー」と言って笑うが、全くその通りだ。「古くなって使われなくなり誰かが捨てようとした物」でできている。堀家も同様、老朽化が進み屋敷全体の活用は不可能だとしても、古民家の魅力をできる限りありのままに活かした使い方をしていきたいと思う。捨てればゴミ、使えば資源。ここのカフェが〝不要品〟で出来ているとはたぶん誰も思わないであろう。

珈琲焙煎所 豆Lab.

令和元（2019）年6月に、商店街通りにオープンした自家焙煎のコーヒー屋さんが、「この商店街に店を出したいから場所を探してほしい」と1年ほど前にやってきた。どうしても、この場所でやりたいという熱意に動かされ、何軒か交渉がうまくいかず断られたが、最後に倒される寸前だった元病院での出店が決まった。「本当にここでやっていけるのか」という心配をよそに開店以来、連日ご近所さんや愛好家でにぎわっている。

堀家と出会い17年が過ぎた。掃除をして風を通した10年間とは異なり、NPOとして活動してからは大勢の人が訪れるようになり、不思議な繋《つな》がりと出会いをたくさん見てきた。対外的な活動も増え多忙にもなりしばしばメディアにも取り上げられることもあるが、少なくとも堀家が「多くの人にとって無くてはならない場所」であるのは間違いない。かつて「使うことは不可能だ！」と言われた空き家は、「多くの人の想い」と歴史の持つ「場の力」で甦《よみがえ》った。

商店街の中には、同様に資源として活用できる空き家がたくさんある。将来この通りに古民家を活用して人が集える場所が増え、ここで育ち故郷を離れてもまたもどりたくなる街、そして昔の面影を残しつつ、歩くことを楽しむ懐かしくて、新しい街になることを望んで止まない。

最後に、多くの人たちに場を提供してくれている堀家の現在の家主である総社市に感謝の意を表し、筆を置くことにする。

終章 文化は雄弁ではない、しかし無力ではない

神崎 宣武（民俗学者・旅の文化研究所所長）

ここでいう「観光」とは

「観光」という言葉が、一面的に解釈されるようになって久しい。観光旅行に象徴される解釈である。

総社観光大学、というと、観光資源の開発、観光事業の提案、はたまた観光誘致の促進などの講義や議論をするのだろう、と思われる人が多いのではあるまいか。だが、少々違うのだ。結果として、総社における観光が注目され活気がでてくるのは、むろん望ましいことである。だが、ここでの「観光」は、少々違うのだ。

まず、「観光」の語源にさかのぼってみたい。
それは、中国の古典である四書五経のなかの『易経』にでてくる。「観国之光」、すなわち「国の光を観る」こと、とある。そして、「王たる者、これを利ろす」とある。国を治める者は、国の文物や礼制（習慣）をよく観察してわきまえておかなくてはならない――そう訳してよかろう。高邁《こうまい》な倫理を表す言葉なのである。

この「観光」の解説は、江戸時代から明治初期にかけての日本人の識者には、教養として共有されていた。たとえば、明治4（1871）年に右大臣・岩倉具視《いわくらともみ》を特命全権大使として欧米に派遣された使節団の大義名分のひとつは、「観光」であった。これは、先進的な近代国家で生かされている「光」を視察して日本の「国のかたち」を考える使命を表した標語なのである。

ちなみに、この使節団は、明治4年11月に横浜港を蒸気船（観光丸ともいわれた）で出発している。サンフランシスコに上陸して、北米大陸横断鉄道を利用して東海岸のワシントンやニューヨークを訪れている。アメリカでの滞在は、約八ヵ月。それからイギリスに向かい、約四ヵ月滞在して、工業先進国の現状をつぶさに視察している。この間に、ヴィクトリア女王にも謁見した。

それから、フランスを皮切りにベルギー・オランダ・ドイツ・ロシア・デンマーク・スウェーデン・イタリア・オーストリア・スイスなどを巡察。帰路は、地中海からスエズ運河を通りインド洋に入り、セイロン（現・スリランカ）・シンガポール・香港・上海（中国）などを経由している。明治6年9月に横浜港に帰国というから、1年10ヵ月に及ぶ長旅であった。

なお、この使節団は、岩倉具視をはじめ、木戸孝允・大久保利通・伊藤博文・山口尚芳（いずれも副使）など総勢で107名に及ぶ大所帯であった。

使節団は、欧米の先進諸国の巡察だけではない。各国との条約交渉も行っているのである。明治政府における重鎮たちと将来を担う随員や留学生たちが、これだけの長期間を費やして、共に「国のかたち」を整える準備をしたのだ。日本における文明開化と近代国家の成立は、この使節団なくしては語れないのである。

その報告書が、『特命全権大使米欧回覧実記』と題して明治11（1878）年に出されている。その巻頭に、特命全権大使をつとめた岩倉具視の揮毫《きごう》が載せられている。それが、「観光」の2文字である。世俗的な観光旅行をしたからではないことは、いうをまたない。「国のかたち」を明らかにするために、先進諸国の経済基盤や政治制度の「光を観る」使節であったことを明らかにしているのである。

私たちも、ここで「観光」のそうした本義を理解したうえで、国ならぬ「総社」の歴史を通して「光を観る」ことに取り組んでみたい。代々が築き伝えてきた「文化に学ぶ」ことに取り組んでみたい。

新たな発見もあるだろう。が、それ以上に、これまで知っているつもりになっていたさまざまな事象を丁寧に考察しておきたい。古墳や製鉄跡などの古代遺跡、赤米とそれにまつわる神事、吉備津神社や宝福寺に関係しての伝説など。知っているつもりの事象でも、まだ再発見、再考察の余地があるはずだ。それには、心ある人誰もが参加できる。専門の研究者の論考は、もちろん尊重しなくてはならないが、素人にも「総社」の「光を観る」ことはできるであろう。これが、「ロマン学」を標ぼうするゆえんでもある

それを、より多くの人で共有したい、と思う。

ここでいう「総社」とは

もうひとつ、言葉遣いでことわっておかなくてはならないことがある。「総社」というフィールドのとらえ方である。

もちろん、総社観光大学は、総社市の事業である。そのことを十分にわきまえたうえで、いっておかなくてはならないのである。

歴史・文化、さらにそこでの人々の気質まで含める。それを対象としたフィールドは、現在の行政区分にかぎるわけにはいかない。それは、時代ごとに変わりゆくものでもある。そして、歴史を通じてその領域を定めることはできない。ならば、その時代ごとに適応するフィールドにもとづいて、その文化事象を位置づけなくてはならないはずなのである。大きくみると、吉備一円に。あるいは、備中一円に。小さくみるとムラ（村）それぞれに。このことが、むつかしい。そこで、ここでは、ひとまず「総社を中心として」といいかえておこう。

「総社」の地名の由来については、一章の「古代吉備の成立と繁栄」でも述べているとおりであ

る。律令制度（律令国家）のなかで、国府・国分寺・総社宮などが定められた。国司巡察の都合により宮処をまとめた、とはいえ、総社というその呼称の歴史は相応に古い。そして、何よりも重要なのは、全国にいくつもの総社宮があったが、それを行政上の地名として今日まで伝えるのは、この岡山県総社市だけなのである。「総社を中心にして」とは、古くさかのぼってみれば「総社宮を中心にして」ということに相なるのだ。

行政上の地名としてつかわれるのは、明治22（1889）年の総社村から。明治29年に総社町となり、明治33年に吉備郡総社町となる。明治41年からは、周辺の村との合併を重ねながら町域が拡大。総社市になるのは、昭和29（1954）年のことである。

したがって、現在の総社市を、歴史を共有しての文化としてひとくくりにみるのはむつかしい。たとえば、秦《はだ》地区は、昭和29年の合併までは独立した村であった。そして、文化的な事象（古墳や信仰のかたち）も総社宮を中心とする旧総社村（総社町）とは異なるものが多かった。何よりも、両者は、河川（高梁川）で隔たっており、古くは、日常的に川を渡って往き来をする慣行はなかっただろう（コラム「もう一つの古代」を参照されたい）。ということから、複数の小文化圏も認めなくてはならないのである。

新本・山田・久代・池田・阿曽など、いずれも合併前の村の歴史が古いのである。旧総社との往き来も相応にあり文化の相も大差はない、とはいえ、その個々の「風《ふう》」の違いは認めなくてはならないだろう。

その一方で、古代吉備、そのなかでの備中の成立までさかのぼってみると、むしろ広範域でとらえてみることが大事であろう。備中の中心にまぎれもなく総社があるのだ。

そして、古代吉備の風土や文物をみるときに、総社市の域内だけを対象とするわけにはいかない。備中の総社を中心として、備前にも備後にも対象を広げなくてはならないのは、当然のことなのである。

総社は、古代文化を語るうえで、もっとも重要な適地なのである。

そのことについては、総社市の文化財行政は、まま充実している。文化財を専門に担当する職員も配属されているし、地域文化財学習の館や鬼ノ城ビジターセンターもある。そうしたところでの情報量は、他の市町を明らかに圧倒している。そのことは、十分に自負してよいことである。

古代吉備の時代設定については、諸説もあるが、ここでは、大ざっぱに奈良時代以前としておく。大宝律令（701年）によって、吉備が備中・備前・備後に3分した。それまでに、吉備という国がどれほど明確に確立していたかどうかは、必ずしも明らかではない。が、巨大古墳に埋葬されるほどの権力者が群雄割拠していただろうことは、想像にたやすい。その連合の国、とみることも許されるだろう。それは、倭《やまと》（大和）と出雲の間にあって、独自性を保っていた。倭が、しばしば進出をはかった形跡もあるが、大宝律令以前に統合の実態はなかったであろう。

その古代吉備の中心は、「吉備中山」である。頂上（茶臼山頂）は、大吉備津彦の墳墓とされる。古墳（国の重要文化財）があり、山麓には吉備津神社がある（しかし、そこは現在の行政区分では岡山市である)。

そして、吉備津彦にまつわる伝説が語り伝えられている。

その「吉備津神話」ともいうべき伝説は、吉備津彦が主役で冠者《かしゃ》温羅が敵役となる。そこには、吉備津神社に関係の文書や釜鳴り神事、さらに神楽(俗にいう備中神楽)の「吉備津」など再考察するに十分な資料がある。

総社観光大学のポスターやパンフレットでは、「古代吉備のロマン学」をうたう。総社から古代吉備を俯瞰《ふかん》する。さらに、備中を細見する。歴史をたどり、先祖代々の文化を探る。まだ未知の世界が多い。その意味では、もっとも恵まれたフィールドなのである。

ここでいう「文化」とは

「総社」の「観光」について考える。

すでに述べたように、古代吉備の国から今日にまで伝わる総社地区の「光を観る」のである。いいかえれば、歴史をたどって「文化」を確かめるのである。

古代吉備からの歴史のとらえ方についてては、本論で各講師が述べているとおりだ。総じていうならば、歴史を通じての「文化」のとらえ方について、それぞれの研究の視点から述べてもらっているのである。

土地の「光」とは、いいかえれば土地の「文化」である。人材もあり産業もある。が、それらも総じて地縁社会での文化ということになる。それを、現代に、あるいは未来に、どう生かすのか。それが総社観光大学での命題となるだろう。

「文化」は、広範にとらえれば、生活のなかに残された先祖代々の遺産、ということになる。有形の遺産もあれば、無形の遺産もある。その顕著な例が、国が「文化財保護法」（昭和25年公布）で定めるところの文化財で、有形文化財（建造物・絵画・工芸品・典籍など）、無形文化財（演劇・音楽・工芸技術など）、民俗文化財（風俗習慣・民俗芸能・民具など）、記念物（古墳・城跡・名勝地・動植物など）、文化的景観（地域の風土により形成された景勝地）、伝統的建造物群（歴史的風致を形成している建造物群）がある。県や市町村が定める文化財も、これに準じている。ということは、私たち国民は、これらを正統に認識して伝承する義務があるのだ。

文化は、不要不急のものではないか。経済が発展したところでの贅沢品《ぜいたく》ではないか。と、いう人もいる。そうそぶかないまでも、無関心な人もいる。たしかに、文化には贅沢品も含まれる。しかし、それは一部であって、民俗文化財や伝統的建造物群などは、まぎれもなく庶民の生活のなかで実用されてきたのである。

先祖代々の遺産をないがしろにしてよいはずがないだろう。

「ご先祖様に恥ずかしくないように」、と言い伝えてきた。戦後（第二次大戦後）は、古い道徳律としてないがしろにもされてきたが、そこには真理がうたわれているのだ。銘々で代々、と数えあげてみるとよい。そのご先祖は、それぞれに10代で２０４６人、20代で２０９万７１５０人あるはずだ。その誰一人が欠けても、今の私たちは存在しないのである。その「縁《ゆかり》」をないがしろにできるはずがないだろう。

総社に縁あり、総社に愛着のある人。それを「総社人《そうじゃびと》」、としよう。私も、総社人のひとりである。総社人は、有縁無縁のご先祖様と共にあり、したがって先祖代々の文化をないがしろにしない。総社観光大学のひとつの意義は、そうした総社人の育成にある、としてよいだろう。

しかし、同時にそこでは、何を優先して伝えるべきか、それを論じることも必要となるだろう。あるいは、何をどう分担するかを論じることも必要となるだろう。とくに、経済が高度成長したのちは、めまぐるしいまでの生活環境の変化とともに価値観の多様化が派生してきた。すべてを担うのはむつかしい。分担や割愛もやむないことである。もちろん、文化には優劣はない。ただ、すべてを保護、伝承することもむつかしいのである。

そのためにも、まずは、その土地土地の文化遺産を認知しなくてはならないのだ。それが、他に比して、どれだけの遺産価値があるのかを認知しなくてはならないのだ。より多くの人たちが、その知識を共有することが望まれるのである。

これを、「観光文化おこし」、といいたい。

総社観光大学の最大意義は、そこにある。そう信じたい。

総社観光大学は、今年で10回を数える。受講を終了して観光ナビゲーターの認証を受けた人たちは213人。本書に講義内容にもとづく寄稿をいただいた講師の先生方の他にも、講師陣では何人ものご協力を得ることができている（巻末の資料ページ参照されたい）。その成果は、大いに誇ってよい。少なくとも、他に類例のない総社市ならではの「観光文化おこし」の試みなのである。

ただ、まだ緒についたばかりである。いうなれば、基礎課程を終えたにすぎない。現代に、あるいは未来につないで文化遺産をどう活用していくか、その提言ができていない。いうなれば、これからが応用編であり、実用編となる。

試行錯誤が、なお続く。次代の総社人、そして観光ナビゲーターに期待して託していかなくてはならないだろう。

総社の「光を観る」。すなわち「文化」をしかと認める——文化は雄弁ではない、しかし無力ではない。私たち総社人は、そのことを信じて学び続けたい、と思う。

第１回（平成23年度）総社観光大学スケジュール

<table>
<tr><th></th><th>8月22日（月）</th><th>8月23日（火）</th><th>8月24日（水）</th><th>8月25日（木）</th><th>8月26日（金）</th></tr>
<tr><th rowspan="2">8</th><td rowspan="2"></td><td rowspan="2"></td><td rowspan="2"></td><td rowspan="2"></td><td rowspan="2"></td></tr>
<tr></tr>
<tr><th rowspan="2">9</th><td rowspan="2"></td><td rowspan="2">講義Ⅱ
「古代吉備の成立と繁栄」
総社市教育委員会文化課
平井　典子</td><td rowspan="3">体験講座Ⅱ
古代人の技術体験
「ガラス玉づくり」
総社市教育委員会文化課
高橋　進一</td><td rowspan="3">講義Ⅵ
「吉備ゆかりの絵画」
吉備国際大学教授
守安　收</td><td rowspan="5">総括ディスカッション
「文化と観光」
コーディネーター
民俗学者　神崎　宣武</td></tr>
<tr></tr>
<tr><th rowspan="2">10</th><td rowspan="2"></td><td rowspan="2">講義Ⅲ
「土器と鉄器」
総社市教育委員会文化課
谷山　雅彦</td></tr>
<tr><td rowspan="4">体験講座Ⅲ
「染物」
石田　直</td><td rowspan="3">講義Ⅶ
「プリミティブな焼き物＆
現代クラフトの魅力」
岡山県立大学名誉教授
大河内　信雄</td></tr>
<tr><th rowspan="2">11</th><td></td><td rowspan="3">講義Ⅳ
「古代人は何を
食べていたか」
伝承料理研究家
奥村　彪生</td></tr>
<tr><td rowspan="2">受付</td><td rowspan="3">修了式
（修了証交付・卒業記念）</td></tr>
<tr><th rowspan="2">12</th><td rowspan="2">岡山県立大学学食での
昼食</td></tr>
<tr><td>移動</td><td rowspan="2">赤米を使った昼食</td><td rowspan="3">宝福寺近辺で精進料理の
昼食</td></tr>
<tr><th rowspan="2">13</th><td rowspan="2">入学式
（学生証交付・
オリエンテーション）</td><td rowspan="4">体験講座Ⅴ
「織物」
石田　直</td><td rowspan="2"></td></tr>
<tr><td rowspan="3">講義Ⅴ
「古代人は何を着ていたか」
大阪大学教授
武田　佐知子</td></tr>
<tr><th rowspan="2">14</th><td rowspan="2">講義Ⅰ
「総社観光学事始」学長
（総社市長）片岡　聡一</td><td rowspan="6">体験講座Ⅳ
「座禅と宝福寺見学」</td><td rowspan="2"></td></tr>
<tr></tr>
<tr><th rowspan="2">15</th><td rowspan="4">鬼ノ城見学

※天候によって
変更する場合があります</td><td rowspan="4">備中国分寺周辺見学

※天候によって
変更する場合があります</td><td rowspan="4">鬼ノ城見学

※天候によって
変更する場合があります</td><td rowspan="2"></td></tr>
<tr></tr>
<tr><th rowspan="2">16</th><td rowspan="2"></td></tr>
<tr></tr>
<tr><th rowspan="2">17</th><td rowspan="2">サンロードへ移動</td><td rowspan="2">サンロードへ移動</td><td rowspan="2">サンロードへ移動</td><td rowspan="2">サンロードへ移動</td><td rowspan="2"></td></tr>
<tr></tr>
<tr><th rowspan="2">18</th><td rowspan="4">ウエルカムパーティ

体験講座Ⅰ
「備中温羅太鼓の
鑑賞と体験」</td><td rowspan="4">夕食
地元の食材を使った
お母さんの手作り料理</td><td rowspan="4">夕食（各自自由）
※希望者は事務局で準備</td><td rowspan="4">フェアウエルパーティ

体験講座Ⅵ
「備中神楽の鑑賞と体験」</td><td rowspan="2"></td></tr>
<tr></tr>
<tr><th rowspan="2">19</th><td rowspan="2"></td></tr>
<tr></tr>
</table>

第2回（平成24年度）総社観光大学スケジュール

	8月23日（木）	8月24日（金）	8月25日（土）	8月26日（日）
8				
9		体験講座Ⅰ 「ガラス玉づくり」 総社市教育委員会文化課 高橋　進一 会場　総社東小学校 9：00～11：20	体験講座Ⅳ 「織物」 石田　直 会場　岡山県立大学 （8126AV室） 9：00～12：30	総括ディスカッション 「文化と観光」 コーディネーター 神崎　宣武 会場　岡山県立大学 （8126AV室） 9：00～11：00
10	入学式　（オリエンテーション） 会場　岡山県立大学（8126AV室） 10：00～10：50 休憩			
11	講義Ⅰ 「総社観光学事始」 学長（総社市長）片岡　聡一 会場　岡山県立大学（8126AV室） 11：00～12：00	昼食（宝福寺近辺で精進料理） ・移動 11：20～12：30		休憩 修了式 会場　岡山県立大学(8126AV室)　11:20～11:50
12	昼食（岡山県立大学の学食） 12：00～13：00	体験講座Ⅱ 「座禅と宝福寺見学」 井山寶福寺住職 小鍛治　元慎 同副住職 小鍛治　一圭 会場　宝福寺 12：30～15：10	昼食（赤米を食す） 12：30～13：30	
13	ホームルーム（自己紹介など） 会場　岡山県立大学(8126AV室)　13：00～13：30 休憩 講義Ⅱ 「古代吉備の成立と繁栄」 総社市教育委員会文化課 平井　典子 会場　岡山県立大学 （8126AV室） 13：40～15：10		講義Ⅳ 「"桃太郎"を考える －昔話から伝説へ」 加原奈穂子 会場　阿曽分館 13：30～15：00	
14			休憩・移動	
15	休憩 講義Ⅲ 「雪舟さん」 吉備国際大学教授 守安　收 会場　岡山県立大学 （8126AV室） 15：30～17：00	休憩・移動 体験講座Ⅲ 「鬼ノ城見学」 総社市教育委員会文化課 谷山　雅彦 会場　鬼ノ城 15：40～17：00	体験講座Ⅴ 「備中神楽」 演目　「吉備津」 影社 講義　神崎　宣武 会場　阿曽分館 15：20～17：30	
16				
17				
18				
19				

第3回（平成25年度）総社観光大学スケジュール

	8月22日（木）	8月23日（金）	8月24日（土）	8月25日（日）
8				
9		体験講座Ⅰ 「ガラス玉つくり」 総社市教育委員会 高橋　進一主査 総社東小学校 9:00～11:30	体験講座Ⅲ 「染物」 石田　直 総社東小学校 9：00～11：20	講義Ⅵ 「備中の文化と観光」 倉敷芸術科学大学 濱家　輝雄教授 岡山県立大学　8126AV室 9：00～10：20 休憩
10	入学式・記念撮影・オリエンテーション 岡山県立大学　5107講義室 10：00～10：50 休憩			総括ディスカッション 「文化と観光」 民俗学者 神崎　宣武 岡山県立大学　8126AV室 10：30～12：30
11	講義Ⅰ 「総社観光学事始」 片岡　聡一総社市長 岡山県立大学　5107講義室 11：00～12：00	移動	移動	
12	昼食 ［岡山県立大学　学食］ 12：00～13：00	昼食 精進料理 12:00～13:00	昼食 11：50～12：40	昼食　チャリ弁 12：30～13：00
13	ホームルーム 岡山県立大学　5107講義室　13：00～13：30 休憩	体験講座Ⅱ 「宝福寺見学と座禅体験」 宝福寺 小鍛治　元慎住職 小鍛治　一圭副住職 宝福寺　方丈・座禅堂 13:00～15:20 ※見学→座学→座禅	講義Ⅴ 「備中国分寺」 総社市教育委員会 谷山雅彦文化課長 備中国分寺　客殿 12：40～14：00	修了式 岡山県立大学　8126AV室　13：00～13：30
14	講義Ⅱ 「古代吉備の成立と繁栄」 総社市教育委員会 平井　典子主幹 岡山県立大学　5107講義室 13：40～15：10		移動 体験講座Ⅳ 「鬼ノ城見学」 総社市教育委員会 谷山雅彦文化課長 体験講座Ⅴ 「備中神楽「吉備津」」 民俗学者 神崎　宣武 影社中 鬼城山ビジターセンター・鬼ノ城 14：30～17：45 ※座学→見学→吉備津	
15	休憩 講義Ⅲ 「"桃太郎"を考える」 民俗学者 加原　奈穂子 岡山県立大学　5107講義室 15：30～17：00	休憩 講義Ⅳ 「雪舟さん」 吉備国際大学 守安　收教授 宝福寺 15：30～17：00		
16				
17			移動	
18			過去の修了生との交流 サンロード吉備路	
19				

第４回（平成26年度）総社観光大学スケジュール

	8月21日（木）	8月22日（金）	8月23日（土）	8月24日（日）
8				
9		体験講座Ⅱ 「染物とガラス玉作り」 石田　直 高橋　進一 総社中央公民館 9：00〜11：30	体験講座Ⅲ 「古代食を探る」 自分たちで料理 砂川公園 9：00〜12：30	講義Ⅵ 「備中の文化と観光」 倉敷芸術科学大学 濱家　輝雄教授 岡山県立大学　8126AV室 9：00〜10：20
10	入学式・記念撮影・オリエンテーション 岡山県立大学　5107講義室 10：00〜10：50 休憩			休憩 総括ディスカッション 「文化と観光」 民俗学者 神崎　宣武 岡山県立大学　8126AV室 10：30〜12：30
11	講義Ⅰ 「総社観光学事始」 片岡　聡一総社市長 岡山県立大学　5107講義室 11：00〜12：00	移動		
12	昼食 ［岡山県立大学　学食］ 12：00〜12：50	昼食　そうじゃ消防署カレー サンロード吉備路 12：00〜12：50 移動	移動	昼食　チャリ弁 12：30〜13：00
13	ホームルーム 岡山県立大学　5107講義室 12：50〜13：20 移動	講義Ⅲ 「備中国分寺」 総社市教育委員会 谷山雅彦文化課長 備中国分寺　客殿 13：00〜15：00 五重塔 こうもり塚古墳の見学を行う	体験講座Ⅳ 「鬼ノ城見学」 総社市教育委員会 谷山雅彦文化課長 12：45〜13：45 移動	修了式 岡山県立大学　8126AV室　13：00〜13：30
14	講義Ⅱ 「雪舟さん」 吉備国際大学 守安　収教授 宝福寺 13：50〜15：10		講義Ⅴ 「桃太郎を考える」 民俗学者 加原　奈穂子 阿曽分館 14：10〜15：40	
15	休憩	移動 講義Ⅳ 「古代吉備の成立と繁栄」 総社市教育委員会 埋蔵文化財学習の館館長 平井　典子 岡山県立大学　5107講義室 15：30〜17：00	休憩	
16	体験講座Ⅰ 「宝福寺見学と座禅体験」宝福寺 小鍛治　元愼住職 小鍛治　一圭副住職 宝福寺　方丈・座禅堂 15：40〜17：10 ※座学→座禅→見学		体験講座Ⅴ 「備中神楽「吉備津」」 民俗学者　神崎宣武 影社中 阿曽分館 16：00〜17：30	
17			移動	
18			同窓会 同窓生と受講生の交流 サンロード吉備路	
19				

第５回（平成27年度）総社観光大学スケジュール

	8月20日（木）	8月21日（金）	8月22日（土）	8月23日（日）
8				
9		講義Ⅲ 「古代吉備の成立と繁栄」 総社市教育委員会 埋蔵文化財学習の館 館長　平井　典子 岡山県立大学　8126AV室　9：00～10：20	体験講座　Ⅲ 「古代の食と酒を探る」 ～自分たちで料理～ 砂川公園 9：00～13：20	講義Ⅴ 「～地方創生～ＪＲ吉備線で訪ねる歴史と観光」 倉敷芸術科学大学 教授　濱家　輝雄 岡山県立大学　8126AV室　9：00～10：20
10	入学式・記念撮影 岡山県立大学　8126AV室　10：20～10：50 休憩	休憩 講義Ⅳ 「備中国分寺」 総社市教育委員会 谷山　雅彦 村田　晋 岡山県立大学　8126AV室 10：30～12：00		休憩 講義Ⅵ 「文化を活かした地域づくり」 岡山大学大学院 教授　藤井　和佐 岡山県立大学　8126AV室 10：30～12：00
11	講義Ⅰ 「総社観光学事始」 学長（総社市長）片岡　聡一 岡山県立大学　8126AV室 11：00～12：00			
12	昼食 ［岡山県立大学　学食］ 12：00～12：50 ホームルーム 岡山県立大学　8126AV室 12：50～13：20	移動 昼食 ［総社のご当地グルメ］ サンロード吉備路 12：20～13：20		休憩 総括 「総社観光大学、明日への期待」 民俗学者　神崎　宣武 岡山県立大学　8126AV室 12：10～13：10
13	移動 講義Ⅱ 「雪舟さん」 吉備国際大学文化財学部 教授　守安　收 宝福寺 13：50～15：10	移動 体験講座Ⅱ 「染物とガラス玉作り」 国画会準会員 石田　直 総社市教育委員会 高橋　進一 総社市中央公民館 13：40～17：00	移動 体験講座Ⅳ 「鬼ノ城見学」 総社市教育委員会 谷山　雅彦 村田　晋 13：40～15：10	昼食　［チャリ弁］ 13：10～13：40 修了式 岡山県立大学　8126AV室　13：40～14：10
14				国分寺見学 希望者
15	休憩 体験講座Ⅰ 「宝福寺見学と座禅体験」 宝福寺 住職　小鍛治　元慎 副住職　小鍛治　一圭 宝福寺 15：30～17：00		移動・休憩	
16			体験講座Ⅴ 「備中神楽「吉備津」」 民俗学者　神崎　宣武 影社中 サンロード吉備路 コンベンションホール 16：00～17：30	
17			休憩	
18			交流会 サンロード吉備路 宴会場 18：00～	
19				

第6回（平成28年度）総社観光大学スケジュール

	8月25日（木）	8月26日（金）	8月27日（土）	8月28日（日）
8				
9		講義Ⅲ 「古代吉備の成立と繁栄」 総社市教育委員会 埋蔵文化財学習の館 館長　平井　典子 岡山県立大学　8126AV室　9：00～10：20	体験講座　Ⅳ 「古代の食を探る」 ～自分たちで料理～ 砂川公園 9：00～13：30	講義Ⅵ 「文化を活かした地域づくり」 岡山大学大学院 社会文化科学研究科 教授　藤井　和佐 岡山県立大学　8126AV室　9：00～10：20
10	入学式・記念撮影 岡山県立大学　8126AV室 10：00～10：50 休憩	休憩 講義Ⅳ 「備中国分寺」 総社市教育委員会 谷山　雅彦 岡山県立大学　8126AV室 10：30～12：00		休憩 総括 「総社観光大学からの提言」 民俗学者　神崎　宣武 岡山県立大学　8126AV室 10：30～11：30
11	講義Ⅰ 「総社観光学事始」 学長（総社市長）　片岡　聡一 岡山県立大学　8126AV室 11：00～12：00			昼食［チャリ弁］ 11：30～12：00
12	ホームルーム　12：00～12：20 昼食 ［岡山県立大学　学食］ 12：20～13：10	移動 体験講座Ⅱ 「町屋の活用」 ＮＰＯ法人　総社商店街筋の古民家を活用する会 理事長　金丸　由記子 昼食［旧堀和平邸］ 12：30～14：00		修了式 岡山県立大学　8126AV室　12：00～12：30 移動
13	移動 講義Ⅱ 「雪舟さん」 吉備国際大学 文化財学部 教授　守安　收 宝福寺 13：40～15：10		移動	シンポジウム 「総社と観光」 岡山県立大学　8901講義室 13：00～15：00
14		移動	講義Ⅴ 「吉備津の能」 岡山大学大学院 社会文化科学研究科 教授　金関　猛 サンロード吉備路　会議室 14：00～15：30	
15	休憩 体験講座Ⅰ 「宝福寺見学と座禅体験」 宝福寺 住職　小鍛治　元慎 副住職　小鍛治　一圭 宝福寺　方丈・座禅堂 15：30～17：00	体験講座　Ⅲ 「染物とガラス玉作り」 国画会準会員 石田　直 総社市教育委員会 高橋　進一 総社市中央公民館 14：30～17：30	休憩	
16			体験講座Ⅴ 「備中神楽「吉備津」」 影社中 サンロード吉備路 コンベンションホール 16：00～17：30	
17			休憩	
18			交流会 サンロード吉備路 宴会場 18：00～	
19				

第７回（平成29年度）総社観光大学スケジュール

	10月19日（木）	10月20日（金）	10月21日（土）
8			岡山県立大学　集合 移動（バス）
9	岡山県立大学　集合 受付	サンロード吉備路　集合 移動（バス） 講義Ⅲ「雪舟さん」 岡山県立美術館 館長　守安　收 宝福寺 9：30〜10：50［80分］	体験講座Ⅳ「古代の食を探る」 〜自分たちで料理〜 砂川公園 9：00〜13：40［260分］
10	入学式・記念撮影 岡山県立大学　本部棟２階　大会議室 10：00〜10：50［50分］ 休憩	休憩	
11	講義Ⅰ「総社観光学事始」 学長（総社市長）片岡　聡一 岡山県立大学　本部棟２階　大会議室 11：00〜12：00［60分］	体験講座Ⅱ「宝福寺見学と座禅体験」 宝福寺 住職　小鍛治　一圭 宝福寺　方丈・座禅堂 11：00〜12：30［90分］	
12	ホームルーム 12：00〜12：30 昼食 岡山県立大学　学食 12：30〜13：20［50分］	移動（徒歩） 昼食 精進料理　金亀 12：40〜13：30［50分］	
13	講義Ⅱ「古代吉備の成立と繁栄」 総社市教育委員会 埋蔵文化財学習の館 館長　平井　典子 岡山県立大学　本部棟２階　大会議室 13：20〜14：40［80分］	移動（バス） きびじつるの里 見学	移動（バス） 休憩
14	移動（バス）	講義Ⅳ「吉備津の能」 岡山大学大学院 社会文化科学研究科 教授　金関　猛 サンロード吉備路　会議室 14：20〜15：40［80分］	講義Ⅴ「稲作文化と赤米」 人間文化研究機構 理事　佐藤　洋一郎 岡山県立大学　本部棟２階　大会議室 14：10〜15：30［80分］
15	体験講座Ⅰ「鬼ノ城見学」 総社市教育委員会 谷山　雅彦 鬼ノ城 15：10〜16：40［90分］	休憩	休憩 総括「総社観光大学からの提言」 民俗学者　神崎　宣武 岡山県立大学　本部棟２階　大会議室 15：50〜16：50［60分］
16		体験講座Ⅲ「備中神楽『吉備津』」 影社中 サンロード吉備路 コンベンションホール 16：00〜17：30［90分］	休憩
17		休憩	修了式 岡山県立大学　本部棟2階　大会議室　17：00〜17：30［30分］
18		交流会 サンロード吉備路 コンベンションホール 18：00〜	
19			

第8回（平成30年度）総社観光大学スケジュール

	9月27日（木）	9月28日（金）	9月29日（土）
8		サンロード　集合 移動	岡山県立大学　集合
9	岡山県立大学　集合 受付	体験講座Ⅱ　「古代の食を探る」 ～自分たちで料理～ 砂川公園 9：00～13：30［250分］	講義Ⅳ　「吉備津の能」 岡山大学大学院 社会文化科学研究科 教授　金関　猛 岡山県立大学　本部棟２階　大会議室 9：00～10：30［90分］
10	入学式・記念撮影 岡山県立大学　本部棟２階　大会議室 10：00～10：50［50分］ 休憩		移動 体験講座Ⅳ　「備中神楽『吉備津』」 影社中 岡山県立大学　講堂会議室 10：40～12：10［90分］
11	講義Ⅰ　「総社観光学事始」 学長（総社市長）　片岡　聡一 岡山県立大学　本部棟２階　大会議室 11：00～12：00［60分］		
12	ホームルーム 12：00～12：30 昼食 岡山県立大学　学食 12：30～13：20［50分］		昼食 12：10～13：00
13	講義Ⅱ　「古代吉備の成立と繁栄」 総社市教育委員会 埋蔵文化財学習の館 館長　平井　典子 岡山県立大学　本部棟２階　大会議室 13：20～14：50［90分］	移動	講義Ⅴ　「赤米と日本人」 京都府立大学和食文化研究センター 特任教授　佐藤　洋一郎 岡山県立大学　本部棟２階　大会議室 13：00～14：30［90分］
14	移動	講義Ⅲ　「雪舟さん」 岡山県立美術館 館長　守安　收 宝福寺 14：10～15：40［90分］	休憩 総括　「総社観光大学からの提言」 民俗学者　神崎　宣武 岡山県立大学　本部棟２階　大会議室 14：50～15：50［60分］
15	体験講座Ⅰ　「鬼ノ城見学」 総社市教育委員会 谷山　雅彦 鬼ノ城 15：20～16：50［90分］	休憩	休憩 修了式 岡山県立大学　本部棟2階　大会議室　16：00～16：30［30分］
16		体験講座Ⅲ　「宝福寺見学と座禅体験」 宝福寺 住職　小鍛治　一圭 宝福寺　方丈・座禅堂 16：00～17：30［90分］	
17		移動	
18		交流会 サンロード吉備路 コンベンションホール 18：00～	
19			

第9回（令和元年度）総社観光大学スケジュール

	10月16日（水）	10月17日（木）	10月18日（金）
8		サンロード吉備路集合 移動8：40～9：00	岡山県立大学　集合
9	岡山県立大学　集合 受付	体験講座Ⅱ　「鬼ノ城見学」 総社吉備路文化館 館長　谷山　雅彦 鬼ノ城 9：00～10：00［60分］	講義Ⅴ　「文化を活かした地域づくり」 岡山大学大学院 社会文化科学研究科 教授　藤井　和佐 岡山県立大学　本部棟２階　大会議室 9：00～10：30［90分］
10	入学式・記念撮影 岡山県立大学　本部棟２階　大会議室 10：00～10：50［50分］ 休憩10：50～11：00	移動10：00～10：10 体験講座Ⅲ　「古代の食を探る」 ～自分たちで料理～ 砂川公園 10：10～14：30［260分］	休憩10：30～10：40 総括　「総社観光大学からの提言」 民俗学者　神崎　宣武 岡山県立大学　本部棟２階　大会議室 10：40～11：40［60分］
11	講義Ⅰ　「総社観光学事始」 学長（総社市長）　片岡　聡一 岡山県立大学　本部棟２階　大会議室 11：00～12：00［60分］		休憩11：40～11：50 修了式 岡山県立大学　本部棟2階　大会議室　11：50～12：20［30分］
12	ホームルーム12：00～12：10 昼食 12：10～13：00［50分］		
13	講義Ⅱ　「古代吉備の成立と繁栄」 埋蔵文化財学習の館 館長　平井　典子 岡山県立大学　本部棟２階　大会議室 13：00～14：30［90分］		
14	移動14：30～14：50	移動14：30～14：50	
15	講義Ⅲ　「雪舟さん」 岡山県立美術館 館長　守安　收 宝福寺 14：50～16：20［90分］	講義Ⅳ　「赤米と米食文化」 京都府立大学文学部 特別専任教授　佐藤　洋一郎 サンロード吉備路 会議室 14：50～16：20［90分］	
16	休憩16：20～16：30 体験講座Ⅰ　「宝福寺見学と座禅体験」 宝福寺 住職　小鍛治　一圭 宝福寺　方丈・座禅堂 16：30～17：30［60分］	移動16：20～16：30 体験講座Ⅳ　「備中神楽『吉備津』」 影社中 サンロード吉備路 ２階和室 16：30～18：00［90分］	
17			
18		休憩18：00～18：10 交流会 サンロード吉備路・コンベンションホール 18：10～	
19			

【監修者略歴】

神崎　宣武（かんざき　のりたけ）

1944年岡山県生まれ。民俗学者。現在、旅の文化研究所所長、東京農業大学客員教授、公益財団法人伊勢文化会議所五十鈴塾塾長、一般社団法人高梁川流域学校校長、岡山県文化振興審議会委員などをつとめる。岡山県宇佐八幡神社（井原市美星町）宮司でもある。

主著に、『盛り場の民俗史』、『江戸の旅文化』、『三三九度—日本的契約の民俗誌』、『「まつり」の食文化』、『しきたりの日本文化』、『「おじぎ」の日本文化』、『「うつわ」を食らう—日本人と食事の文化』『吉備高原の神と人—村里の祭礼風土記』『いなか神主奮戦記—「むら」と「祭り」のフォークロア』などがある。

総社観光大学

2021年1月26日　初版第1刷発行

監　修——神崎宣武
編　者——総社観光プロジェクト実行委員会
発　行——吉備人出版
〒700-0823 岡山市北区丸の内2丁目11-22
電話 086-235-3456　ファクス 086-234-3210
振替 01250-9-14467
メール books@kibito.co.jp
ウェブサイト www.kibito.co.jp
印刷所——サンコー印刷株式会社
製本所——日宝綜合製本株式会社

ISBN978-4-86069-632-0 C0026